U0623203

带你感受文化的、自由的、承前启后的语文教育

我在台湾教语文

向古代文豪学写作

凌性杰◎著

台海出版社

图书在版编目（CIP）数据

向古代文豪学写作 / 凌性杰著. — 北京 ： 台海出版社，2015.1
（我在台湾教语文 / 赵涛，李金水主编）　　（2020.1重印）
ISBN 978-7-5168-0558-9

Ⅰ. ①向…　Ⅱ. ①凌…　Ⅲ. ①作文课—中小学—课外
读物　Ⅳ. ①G634.343

中国版本图书馆CIP数据核字（2015）第015924号

著作权合同登记号：图字：01-2014-6712

本书为著作权人凌性杰　授权　北京兴盛乐书刊发行有限责任公司在中国大陆出版发
行简体字版本

向古代文豪学写作

著　　者：凌性杰
责任编辑：姚红梅　　　　　　　　装帧设计：尚世视觉
版式设计：刘丽娟　　　　　　　　责任印制：蔡　旭
出版发行：台海出版社
地　址：北京东城区景山东街20号，　邮政编码：100009
电　话：010—64041652（发行，邮购）
传　真：010—84045799（总编室）
网　址：www.taimeng.org.cn/thcbs/default.htm
E-mail：thcbs@126.com
经　销：全国各地新华书店
印　刷：北京彩虹伟业印刷有限公司
本书如有破损、缺页、装订错误，请与本社联系调换
开　本：150×210　1/32
字　数：108千字　　　　　　　　印　张：6.5
版　次：2015年5月第1版　　　　印　次：2020年1月第7次印刷
书　号：ISBN 978-7-5168-0558-9
定　价：29.80元

版权所有　翻印必究

推荐文

透过这本书，我们得以重返经典的殿堂，回归文学的本质，以更细致的眼光、更善解的胸怀来理解世界，自我观照。

——吴佩蓉（新竹市新竹高中教师）

认识了性杰，从性杰眼中再一次认识了文中熟悉的古人。

——吴舒静（台南市安平中学教师）

将古文融入生活中，拉近了读者与古文的距离。凌老师做到了这一点，也让大家多了一分阅读的喜悦。

——李国健（新北市汐止中学教师）

穿越历史的洪流，经典必有其不朽之处。

——车婉娟（新北市三和中学教师）

开启古老文本的封印，使教学者得以共享一种新的视野、新的可能。

——林贞均（台北市内湖高中教师）

此书有状人志行描景记游之妙作，有托物兴怀叙事写理之佳章，相信对学生多所裨益。

——林慧玲（屏东大同高中教师）

古典的语言简静雅致，凝铸文字的意义和永恒；经典的内涵丰瞻深邃，直探生命的真相与本源。摘撷古人智慧，创自己的回答，写自己的看法。

——施翔程（彰化市精诚中学教师）

为我们燃一盏心灯，法古人之精神、气韵，照见幽暗的灵魂，作为安顿生命的资粮。

——范金兰（台北市政大附中教师）

学生长久以来的问题——阅读古文有什么用？终于可在这本书上获得解答。

——张哲愿（台中市台中家商教师）

生命的悲喜是不分古今，凌老师带着我们倾听内在的共鸣。

——陈盈宏（新北市板桥高中教师）

在这个纷乱的年代，还能有人以如此妙悟之笔，转化经典力量为温暖可亲的烛光，照亮自己，也照亮别人，着实是安顿不安灵魂的一帖幸福秘方。

——游淑如（屏东市屏东女中教师）

凌老师替许多语文老师做了想做却做不来的事，本书不但丰富了经典文学的生命，也重新定位古文教学的方向，对青年学子而言，把古老的心灵装填至他们年轻的胸膛，不再是那么困难的一件事。

——黄士蔚（台北市丽山高中教师）

本书犹如指挥棒，挥舞出这些经典古文的不朽的思想与内蕴，让我们陶醉其中。

——黄信铭（高雄市左营中学教师）

沁入生活感受，让知识进入生命成为永恒的力量；剖析文章作法，为中学生写作提供良好的指南。

——杨子霈（高雄市高雄女中教师）

很难能可贵的一本书，引领大家欣赏古文的美好，再从古文之中汲取生命智慧，丰富我们的人生。

——刘定泰（云林县斗南高中教师）

在古老的文字长廊中，探得韵味无穷的幽香。

——蔡受勋（高雄市高雄中学教师）

凌性杰总能将古文幽微的情意剖析出来，在古典与现代中连结共鸣，无论教师教学或学生自学上，都提供了探索方向与阅读乐趣。

——郑元杰（台北市北一女中教师）

经典的魅力在凌老师的笔下活得更年轻。内容我很喜欢，更喜欢以古观今这一段，因为指引学生写作的方向，让我的作文教学可以更轻省。

——郑芳郁（台中市台中二中教师）

很高兴有这么理性又热血的文书，可以陪伴这些青春年少再次被融于生命之后的经典，而沉淀而飞扬。

——鲁青雯（台中市明道高中教师）

性杰如驾一叶轻舟，航行于文学长河，每次一停泊，便指点出一处盛景。

——薛好熏（新北市明德高中教师）

大洋之滨，靠岸航行

这一次，性杰写出了自己的阅读与书写之美学。

在某次文艺营活动中识得性杰。年轻作家拥有的才气，融谦逊与狂狷一体的性情，对世间一切美好事物的珍视与恋慕……在他十七岁时，我与这独特的生命形态相遇。

十七岁，微温。手边还留着他大学时代的手稿，这篇文字记取了青春的光影，映照着与时间和解的轨迹。

那时，阿性还不具备土星气质，如烽火似流星。你看见他在师范规训中不容自已的创作力，你看见他流动的感性，像春天蔓生的牵牛花，坚持某种紫色；当然，你也看见他以书写来抵挡语文资优保送生的魔咒。你有些困惑，红楼的晃游者，他"在"哪里呢？或说，哪里才会是他最舒服最自在的位置？

少年凌性杰，终于也踏进了成人的世界。成长的转折，离家与返家的思索，生活地景的变动，奖台生涯的体悟，都藏纳在他的文字之间。透过博客与书页，他如此诚恳地叙说生活中遭逢的种种，每本书名都是一种召唤，都是他对自身的提问：如何是个"有故事的人"？什么是"更好的生活"？能不能为生活"找一个解释"？

我从学姐成了读者，也不断反思他所提出的种种问号。我们都有阅卷经验，都看得出学生如何"虚拟"他们认为阅卷者会喜欢的故事与想法，当然，评分的当下，也意味着你握有某种权力，是不能以"大人"的眼光轻视他们认真书写期盼得高分的想望。然而，批改考场作文往往成就了内在的虚耗与匮乏，每每在阅卷场都会想：为什么学生无法真诚地表达？为什么学生"以为"这样写会得高分？我们能怎么做？如何去抵抗虚矫的情感叙事？如何让学生学习传述与情意的点染、义理的思辨？如何响应现实，再现心灵的真实？不同于前三本书的抒情笔触，这次，凌老师是有意识地响应学生在阅读与书写中可以开发的几个面向。

以古文为例，并非一种想当然耳的"古典崇拜"；藉由现代心灵的重构，古典文本可以与当代社会对话，此时，古典文字之"隔"，在"细读"中反而创造出更多想象的可能。譬如《寒花葬志》，锐敏的性杰，即从饮食、衣着、人物互动等情境读出许多值得思索玩味的生命情节。然而，凌老师笔锋一转，就以此文响应"作文"的本质，关于情感经验的真诚表述。

以本篇文章为此书之首，我以为是有深意的。一如杨牧在《搜索者》所言："所谓抒怀和叙事往往是不可分割的，甚至在这种抒写和描述之中，更渗和着物象的描写和知识思想的解析。"与文本诠释有关的性杰三书（与岱颖合著者有两部），已然展示了性杰的叙事美学，结合个人的生活物事、记忆轨迹，开展自己生活的卷轴，告诉读者，我如何与这些文本对话；本书则是出入于文本之间，一方面以其创作者之神思，重新展演文本的肌理；另一面，他又撷取文本的核心意念，以教学的视域，提炼写作的丹药。叙写的自身，也有其理性思辨的逻辑。

值得注意的是，性杰已然有了哀乐中年的情怀。与其说他关切的是"人对世界的感觉""自己的生命情调"，不如说他关切的是在这样的时代"人"的位置；与其说他关注的是"感官的体验"，不如说他关注的是"思想的高度"，他会对教育提出质疑："没有对过去的理解，没有对未来的想象，没有对现实的洞见"，这是属于凌老师的"否定的美学"；他会说"珍惜自己的差异"，这是长期在教学现场有感而发的声音。我不认为这只是一本谈古文今读（或如何写作）的书，这是一桩关于教学与写作的美学行动。

为什么凌老师可以读出这些古文的况味？难道只因为他写诗？得过数个文学奖？罗洛梅（Rollo May）在《创造的勇气》这样说："一首诗或一幅画伟大的地方并不是它表现了艺术家所观察或经历到的事物。而是它能表现艺术家或诗人与实体交会时的洞察力。"性杰具备一种感受力，"让他有一种极端伶俐、纤细的敏锐力，才能使自我成为洞察力浮现"的载体。身为教学者，我们更应该觉察自己的感受力是否一点一滴地消融于考题与不断变动的体制之间。一如波兰诗人辛波丝卡（Wislawa Szymborska）在《诗人与世界》所述："灵感总会去造访某一群人——那些自觉性选择自己的职业并且用爱和想象力去经营工作的人。这或许包括医生，老师，园丁——还可以列举出上百项行业。只要他们能够不断地发现新的挑战，他们的工作便是一趟永无终止的冒险。"这也是凌老师自言从来不曾对重复讲授课本里的范文感到厌倦的原因：当你以爱与想象力去抵挡世间的丑恶，当你相信这世上还是有单纯而美好

的想望，当你认为每一天站上奖台都是一种冒险，当你会说
"我不知道"……

山风海雨的阿性已然穿越大洋之滨，成为北城"男孩路"的凌老师。容我以约翰·厄普代克（John Updike）之语作个譬喻："置身大海中，四周是一片美丽的渺茫，冷风凛冽，偶尔可见海豚闪烁发光的背脊，或成群的银鱼同时跃出水面；靠岸航行，我们随时可以因风转向，再以一个十拿九稳的引文更曳近陆地。"我私以为大洋之滨是创作的阿性，靠岸航行则隐喻着教学的凌老师。依违于自由与纪律之间，二者互文，为教学的航道绘制一幅幅文学的地图，一种"涉事"的生活美学。

张照堂曾说："好的摄影家要如'象'，它庞大、安静、沉着、随心、诚挚且不功利……"好的老师也如"象"，而这已是凌老师所建构的图像。从十七岁的灿烂时光到今日的和煦春风，这样的温度，安适静好。祝福性杰。

台湾师范大学教授　范宜如

推荐序2

仿佛有谁在我们之上端坐凝视

在现代的校园，一名语文教师，手持课本经卷登上讲台，面对桌椅排列的矩阵空间，招引先人的魂魄，透过发光的字，让那古老的叹声出现，让那意韵风神飘然回荡，或暂停，或久留，有时清亮地对上水样的眼瞳，有时却灰败地扫过一脸漠然，毕竟，啊，青春！那些篇章，已是百载千年的守候，缄默，神秘，暖暖含光。

想象一名仍奔放着青春灵魂的讲者，如何口授心传，以他涉事的理解、生命的体悟，配合现代的肢体、现代的语言，上穷碧落下黄泉，施展凝固的幻术，让教室中，"仿佛有谁在我们之上端坐凝视"。看他如何连结时间，从这点走到那点；连结空间，从此端拖曳到彼端，他的胸怀以及视野，最重要的是他的眼神，如何透露关于文字的信仰与价值，这是一种现代"说书人"的挑战。

如何认识年轻的"说书人性杰"呢？在一次谈天中，他以为我们相识的起点，是二〇〇六年语文科辅导团所举办的一场文学旅行——从北投温泉博物馆至光点台北之家，他应邀担任最后一站的教学分享者。资料上写着：现任教于台北市立建国高级中学，著有诗集《所有事物的房间》、《解释学的春天》、散文集《关起来的时间》。迷信山风海雨，寂静的冥契与感动……当天见到的，是一张洋溢着信仰，对声韵、文字、美，聚精会神的诗人的脸。谈诗之前，先谈诗意的栖息，那谈起古文呢，就先谈古文家的情感、抱负了！

其实在这之前，二〇〇三年时报新诗奖首奖《萤火虫之梦》刊载出来，得奖者"凌性杰"陌生的三个字就已钻进我脑海里了。诗作中那小小的萤火虫，在无光的黑暗与短暂的生命中，飞翔觅食繁衍生育下一代，以优美的音韵，丰饶的意象，借着声音文字召唤意义，涤净情感，令人心生向往。除了诗作惊人外，更有诗神杨牧的推荐辞，因此好奇地搜索后，他的博客"大洋之滨"就成为我暗中潜入的海域。在遥远的东岸一名年轻的高中老师，如何以海浪的涌动，阳光的晴亮，展现他喷薄的生命，庶几不教而明的诗意，灿烂美好。

如今这明亮的海洋男孩教师，已迁徙于植物青郁的台北园区，在诗作之余，完成一本又一本的文学书册，善写且善读，能作亦能述，在广大的中学师生之间，已成传诵的优质课外读物了。而本书中，性杰再度透过十七则精致玲珑的篇什，或原版篇幅，或裁切细割，从感性的笔端出发，再继之以理性的锤炼，庶几完成语文训练及文化培育的基本教养，着眼于有形的字词深究，复加之以无形的声音气息，只图在少少的笔意中，看到厚厚的精神底蕴，将阅读的青少年塑造成有经典涵养的现代文化人。

身为一名创作者，性杰长期认真看待文字，揣测其中透露的诸多可能，并以宽容的心境、敏锐的洞察、理性的思考，再转化成一种眼光的分享与传授的热情，进而建造一座秘密的灵台，透过书写传布，让学生阅读，共同走进旧学与新知的炼铸中，加深了解的层次，使学生的阅读经纬更加细密。

而本书内容洋洋大观，从叙事能力、描写景物，到说明技巧、理性思辨，皆分段打造，是一种固基深底的文章家法。例如写《寒花葬志》，充分定义了谦抑虚静的美感，在字数极少的情况下，技巧、笔触、细节、发式、衣服纹理，达到美学的丰富饱满，且情感的强度丝毫未减。性杰强调的是色泽画面、衣着质料、身份年龄，场景亮度与温度，全然以镜头带位。他身兼古代评点家，强调用字，寒花的笑目冉冉动，"她的眼波流转；眼神将会聚焦在谁身上？寒花的心里到底在想什么？"这样提问却未回答，似乎更能挑动阅读者的兴味，原来我们身边也可能有这样的双眸，闪动着她的情感世界。

一篇文学作品，仿佛前人的一幅画，后人在其中解密，层层丰富它的精神背景。于是在实词指涉之外，性杰亦不放过虚词气音，甚至于无字处寻声，在时间的递嬗中，追忆似水年华。他对于人物永远有兴趣，关怀一种活着的样子、生命的气质、人生的态度，除了归有光与孺人及寒花，还有苏轼与方山子，关系千万种，兼写的双面手法，透过特殊的微光，映照人物的面容、肌理，以及性格、命运，增加思索的深度。性杰善于透过视点的移动，将人物婉约蕴藉、疏朗恢宏的气质，超然脱出。有宏观有细节，有动态亦有静态，运用视觉及听觉，让文中的"我"字浮现出来，由一双透视的眼睛及聪敏的耳朵。

性杰非常强调自己的看法，由一字一句拆解动作中，放缓阅读的速度，避免思考的怠惰，让自己的理性及感性无限穿透，达到创作者灵魂的高度。他强调异样的价值观及生命情调，着重文字个性、生活态度，他认为"思想贫乏、人云亦云"，只是一味地重复别人的观点，将如何看出立意之深、想法之奇，是一种必要的训练，关于逻辑与推论，是青少年急需培养的能力。

此外，藉由古文的阅读，性杰重视人格的彰显，气韵的流动，多方美学的视角，处处显示出一种精神意境的向往。书中所提人物，如：严子陵、五柳先生、吴均、苏轼、方山子、张怀民等，飘逸洒脱、正雅端方，个个都是他灵魂相契、乐于相偕的文化知友。只要读者用心真纯，就足以跨越时间的屏障，让"在我们之上端坐凝视"的灵魂，能有降落人间的启发。

二十年代，以夏丏尊、李叔同为首的"白马湖作家群"，他们将少年名士的习气收敛净尽，一心想要在教育上创立人本理想的"立达学园"，不但强调经典教育的深厚价值，并共同以艺文创作活出一种文人生活的情致与风范。而"开明书店"的出版读物，更发挥了自修进学的启蒙力量，《文心》一书成为语文的经典，历久不衰，甚至跨海来台，成为一代又一代重要的课外读物。孩子到底该受什么样的教育，性杰说："没有对过去的理解，没有对未来的想象，也没有对现实的洞见"，他担心，"这就是我们的教育吗？"

关心美学与品味，关心思考与见地，关心人才与未来，这是一股深沉蕴藉、博雅宽宏的"新文心"精神。性杰说："我还要有一种思想，干净的／一种信仰，在炮火覆盖的此城／成为一种力量。"相信世界上一定有另一个人，不，是另一群人，与他怀抱着相同的思想、信仰与力量。能在不同的校园，与性杰的精神同行，以小小的萤火虫之光，在忧伤、黑暗中，拥有更多的快乐与透亮，因为我们相信，仿佛有谁在我们之上端坐凝视。

台北市立第一女子高级中学　陈美桂

*本文标题采自凌性杰《萤火虫之梦》诗中的一个句子。

自序

经典的力量

　　这时刻我突然感到语塞，不知道如何介绍自己，不知道如何说明自己所写的一切、一切的意义。

　　我始终觉得，这时代噪音太多，热情与理智太少。何其幸运，我在教学与创作之中，找到所有美好的可能。身份是一种标示，同时也是一种框架。我不知道有多少人跟我一样，是在当了老师之后，才学着如何当老师的。而我心里对好老师的定义，也不断地在修正。最近几年深深觉得，一个好老师必须能够让学生真诚面对自己，从而怀抱着对世界的善意。重复讲授课本里的范文，我从来没有厌倦过，因为每一次讲授都有新的体悟。而所有阅读、写作活动的目的，理当都是为了追求美好的理解，而不是为了产生误解。文字艺术正是如此，在生活中提炼出思想与情感，发现美。

经过某些事情后，我稍稍明白，当一个老师，或许必须先清楚地认知，教育并非无所不能，只是提供种种可能。看见了自己的局限，面对了自己的无能为力，才能更尽力、更无怨悔地走下去。时局越是纷乱，经典的力量越显得弥足珍贵。

回顾过去这几年，先后完成了《找一个解释》《有故事的人》《更好的生活》这三本书（其中两本与吴岱颖老师合作），分别针对古文、诗词、新诗提出诠释，希望让经典文字照亮我们的生活，将感动分享给每一个读者。阅读与书写，改变了我的命运。在诠释古文、诗词、新诗的同时，自己的生命也被那些经典重新安置了。

一年前的春天，答应《好读周报》的邀约，为中学生撰写一系列经典古文的现代诠释。透过这个专栏，我上友古人，理解什么是人之常情，同时向古代名家学习写作，让自己的情感与思想在文字中各安其位。书写过程中，我撷取古文名篇，对照自己的生活感受、阅读体验，一再地追问意义是什么。我所能做的，只是跟年轻的生命分享疑惑，把过去未曾知觉的问题提出来，如此而已。

近年来，我不再以文体学概念教学生写作。解读作品也不再强加区分哪些是记叙文，哪些是抒情文、议论文。我认为，写作是综合能力的呈现，必须告诉学生的是，如何统整运用叙事、描写、说明、议论这几项基本能力，让自己的文字表达可以适切地与他人沟通，甚至传递思想与情感之美。

在这个古文阅读专栏中，我用四个单元谈论结构章法，意义的完成，并且在解读文意时扣合现代生活体验。第一单元偏重叙事能力的介绍，从传记类作品谈起，透过《寒花葬志》《方山子传》《读孟尝君传》《五柳先生传》看看古人叙说的魅力。第二单元引述《记承天寺夜游》《与宋元思书》《严先生祠堂记》《三峡》《西湖七月半》，试图分析名家描写景物的功力，更希望串连起外在物象与思想情感的关连。第三单元介绍说喻散文：《爱莲说》《名二子说》《马说》《骡说》，探究说明的技巧。第四单元则藉由《弈喻》《朋党论》《辨奸论》《贾谊论》，发现理性思辨的可能。

面对这巨大的传统，我们必须保持谦卑。每一篇古文背后，都有作者的灵魂寄托，也都有属于某个时代的特殊氛围。亲近与理解的同时，我的眼界不再狭隘，从而对自己生存的世界怀有更多美好想象。在这一系列书写中，对于经典文本的解释，或多或少也暗藏着自我的理解。在我的阅读过程中，传统与现代从来就不是对立的两端，不需要贵古薄今，也不需要弃古扬今。古人的经典篇章带来许多触发，也改变着我对当下生活情境的看法。

如今专栏集结，成为您手上的这本书。

这一切都要感谢我的学生，是他们让我发现自己的不足，持续回顾已知，探索广袤的未知。更要感谢一路支持我写作的教师同行、读者朋友，是您们帮助我穿越迷雾，看见生活中所有灵光。我只能借着这本书分享我的局限，渴盼无限的可能。并且，用这本书来说明心中深深的感谢与祝福。

谢谢大家！

志于淡水二〇一二年二月二十二日

目录
CONTENTS

附录 / 古文原文

卷一

简洁的抒情

——《寒花葬志》 明·归有光

▶ "明文第一"的归有光

归有光（1506—1517年），字熙甫，别号震川，明朝昆山（今江苏昆山）人。八岁丧母，十二三岁时祖母过世，嘉靖三年（1524年）十九岁时初作《项脊轩志》。二十三岁娶魏氏，二十八岁魏氏卒，三十五岁左右作《项脊轩志》补记。他一生经历丧妻之痛、长子年轻病故、女儿夭折，科举仕途也不如意，他笔下的悼亡文字，情真意挚，感人至深。归有光六十岁中进士，官至南京太仆寺丞。他与唐顺之、茅坤等人崇尚唐宋古文，反对盲目复古，有"明文第一"的美誉，影响明清文坛极深，著有《震川先生集》传世。

▶寒花①葬志

婢，魏孺人②媵③也。嘉靖丁酉④五月四日死，葬虚丘⑤。事我而不卒，命也夫！

婢初媵时，年十岁，垂双鬟，曳深绿布裳。一日，天寒，爇⑥火煮荸荠熟，婢削之盈瓯⑦。予入自外，取食之；婢持去，不与。魏孺人笑之。孺人每令婢倚几旁饭，即饭，目眶冉冉动。孺人又指予以为笑。

回思是时，奄忽⑧便已十年。吁，可悲也已。

▶语译

婢女名为寒花，是我妻子魏孺人的陪嫁丫环。她死于嘉

---

① 寒花：婢女的名字。
② 魏孺人：归有光的妻子魏氏。孺人，明代七品官母亲或妻子的封号，又通用为妇女尊称。此为尊称。
③ 媵：yìng，陪嫁的婢女。
④ 嘉靖丁酉：明世宗年号嘉靖，丁酉年为嘉靖十六年（1537年）。
⑤ 虚丘：地名，在江苏昆山东南。一说"虚"同"墟"，即大丘、土山。
⑥ 爇：ruò，焚烧。
⑦ 瓯：盆盂等瓦器。
⑧ 奄忽：倏忽、忽然。

靖十六年（1537年）五月四日，葬在虚丘土山之上。她没有能伺候我到最后，这是命运使然啊！

当初，寒花陪嫁来我家时，年纪才十岁，印象中的她，一对环形发髻低垂，总是拖曳着深绿色的布裙走路。有一天，天气寒冷，家里用烧火把荸荠煮熟，寒花将荸荠一一削皮，盛满在小瓦盆中。我刚从外面进屋，想要取来吃。寒花竟把它拿开，不给我吃。我的妻子因此笑了出来。魏孺人经常叫寒花倚着小矮桌吃饭，她吃饭的时候，眼神慢慢地转动。孺人指着要我看，又笑了出来。

回想那时，一晃眼已经十年了。唉，真是令人悲伤啊！

▶我读我思

文章不过百余字，情感无限真挚

《寒花葬志》这篇文章短短一百余字，透过事件的呈现，带出最真挚的思念之情。在文章中，看不到痛哭流涕的字句，然而情感的强度却如此鲜明，如此真实。作者归有光，他生于没落的书香世家，一生考运不济，六十岁才中进士，官至南京太仆寺丞。他的散文作品简洁雅致，有唐宋古文之风，善于叙事寄情，颇受时人推崇，与王慎中、唐顺之、茅坤等人被称为"唐宋派"。

写生命中的女性，文章格外动人

归有光八岁时丧母，十二三岁时祖母逝世。二十三岁娶魏氏（即魏孺人），五年后魏氏过世。归有光三十五岁左右把十多年前写的《项脊轩志》补足，记述空间景象的同时，也传达他对生命中重要女性的感情。《项脊轩志》里，除了悼念母亲、祖母，还提到魏氏与他的相处情形。更重要的是，当这些人都已经离他而去，他的记忆仍为她们留存着最美好的空间。项脊轩是他在昆山时的书斋名，小小的房间里因为人的感情、活动，变得意义十足。不同于文以明道的唐宋古文家，归有光的作品里往往感情焕发，格外真诚动人。以男性为主体的中国文学史中，这样的古文作品确实相当罕见。

为婢女写传，笔端似藏深意

如此说来，《寒花葬志》就更特别了。归有光藉由两段往事记述寒花这个婢女，看似没有技巧，其实每一个字句都有深意。就身份而言，寒花是陪嫁而来的，工作是服侍主人。归有光为一个婢女作传写志，立意奇特，不免启人疑窦。这几乎是为地位低下的婢女写传的先例了。

《寒花葬志》多用短句，句短而情长。此中笔触生动，活灵活现，让人在阅读时感觉到，那几百年前的情境仿佛历历在目。或许我们可以据此推测，寒花对归有光来说，重要性早已超越一般的奴婢。说出来的部分让我们看见主仆互动的美好，至于来不及说出、未能说出的那一切，则让后代读者永远保有想象的空间。《寒花葬志》深情款款，"可悲"二字总结情绪，令人低回。

亡婢亡妻并叙，可多元诠释

我想归有光一定非常渴望、眷恋家族中的亲情温暖，对于生命中的重要女性依恋甚深。他未成年的时候，上一代便闹着分家，家族失和之事成为记忆中的阴影。

归有光先后拥有三任妻室（魏氏、王氏、费氏），不见得有志或表来记录她们的生平与情状。独独这位可爱的媵婢寒花有以记之，个中的情愫自然不需要剖白挑明。或有人说，这篇一百多字的葬志，三次提到妻子魏孺人，因而推断，这篇葬志更深沉的创作动因是怀念魏孺人。

不论如何，我们终究看见了，归有光并写亡婢、亡妻，流露出生死两茫茫之悲叹。文学作品的诠释可以多元开放，不必拘执一端。各种说法相参，更能激发创造与想象的能力。

一个"命"字，明指妻婢暗喻己

寒花过世的时候年方十九，可说是红颜薄命。那时，魏孺人也已经离开人世四年了。文章一开头便点明了人物关系，寒花之所以与归有光有生命的联系，跟她陪嫁的身份有关。"事我而不足"一句，似乎暗藏了玄机。"我"字的出现，让寒花的特殊性显露出来。寒花本是魏氏陪嫁婢女，"事我"一词着实耐人寻味。从"命也夫"一句可以发现，归有光将这些生命的离去诉诸于命运，更透露出了无可奈何的感伤。这个"命"字，可以是寒花、魏孺人的生命短浅，也可以是归有光自己仕途失意，屡遭困顿的人生。

三个场景，婢影妻颜两穿插

文章的主体在第二段。往日的欢笑，形成一种强烈的对比。作者从三个片段拼凑起寒花的面目姿态，又从魏孺人两笑勾勒出当年美好的生活情境。寒花的身影，孺人的笑靥，彼此两相穿插，画面感十足，定格在文字中。归有光用文字溯洄时光，那年仅十岁的寒花"垂双鬟，曳深绿布裳"。他记得的是这女孩的发式与装扮。可见他多么深刻的将这人的形象深存于脑海中，于是发型与衣服可以留下那么鲜明的印记。发式衣物如此，更不用说脸庞与神情了。写人物难就难在彰显精神，这里藉由随身物件把神态呼唤出来，真可以说是高招。拖曳着深绿布裙的形象暗示了劳动工作，可能也暗示了寒花可能还没完全发育的体态。

生活细节，流露感情默契

至于寒花的动作，归有光以最自然的语气一项一项道出。并且带出魏孺人的视角，两笑之中暗藏了无限情趣。当天气寒冷了，热热的荸荠温暖了肠胃，也温暖了感情。寒花削荸荠不给归有光吃一事，表面上是以下犯上，其实更点出主仆互动融洽。我们可以想象着，寒花对归有光说道："不给你吃，不给你吃。"那娇嗔可爱的态度，乃在于与归有光之间有着感情默契。

两个微笑，道出无言胜有言

再者，是魏孺人总叫寒花陪在旁边一起吃饭，可见女主人的慈爱宽厚，不把她看作一般的奴仆。她们之间的互动可以看出是相互体贴的，是充满温馨的。只是我们不免怀疑，吃饭就吃饭，寒花"目眶冉冉动"究竟是为什么？她的眼波流转，眼神将会聚焦在谁身上？寒花的心里到底在想什么？这些情绪归有光都没有明说，可是远比挑明了讲更为动人。

所以孺人的笑里，一定另有故事。对这两件事，她究竟为什么而笑呢？

一笑再笑，情节足以扣心弦

魏孺人生性贤慧，对下人亲切和蔼。归有光不说自己的观点，透过魏孺人视线写寒花不给荸荠吃，除了可以带出魏孺人的聪敏敦厚，也可以一并交代寒花的娇态可掬。寒花的行为举止看似"不敬"，却在魏孺人一笑之中轻轻地化解了，反倒呈现出人情互动的喜乐。魏孺人再笑，是因为寒花的眼波所及。魏孺人看着寒花，寒花在看谁？答案不言而喻。魏孺人因为知情而笑，是极为厚道的。其中感情澄澈清明，于是以笑作结，收束整个事件。两段事件，都跟饮食有关，饮食乃日常生活之必需，这更证明了寒花存在的重要。《寒花葬志》里的人际关系，当然是封建时代的产物。我们没有必要以古非今，更没有必要以今非古。古人妻妾成群是理所当然，传统社会的男性像归有光这么用情至深的，却是屈指可数。撇开意识形态，纯就艺术的眼光来看，这篇文章抒发情感的方式实为上乘。归有光不浮夸、不滥情，只是撷取生命情节的几段，就足以扣人心弦。

十年之悲，愈是轻描情愈重

文章最后一段"奄忽便已十年"说明了时间递嬗，一切都已成为追忆。结尾的"可悲也已"呼应了首段的"命也夫"，"也已""也夫"一类的虚词语气，真切传达了内心情绪。主轴段落以闲笔淡描勾勒事件，正是归有光散文最突出最精彩之处。这种写法看似了无高潮起伏，然而在刻意的节制压抑之中，越是轻描淡写越是含藏了丰沛的情感。寒花之名不见于文章之中，只在标题葬志显现，个中的滋味，又是何等的沉重。

▶以古观今

如何用简洁文字表达情感？

面对这么优秀的文章，我同时想着，现代人如何用最简洁的文字表达情感。想要书写表达，常会面临这样的困境：有话可说的时候，却又不知从何说起。自身的语文能力无法负载所思所感，如实地表出，这或许也是现代人共同的困扰。旧式的作文教学，大抵用文体学的概念在教"作文"。记叙、议论、抒情、描写……，文体取向的写作理论讲得煞有其事，到头来却又成效不彰。到底是为什么？我认为那是因为生吞活剥、胡乱套用，导致做作的成分居多，真诚的表达总被忽略、遮掩。

　　抒情是人类天生本能，不能算是写作能力。想要抒发情感，最好的方式是去记述、去描写、去说明。用事件与物象呈现内心的世界，并且说明感情经历的因由与牵连。这样，情感的传达才能准确完整。用简洁的叙事来寄托情感，《寒花葬志》便是最好的示范。

一个有故事的人

——《方山子传（节选）》 宋·苏轼

▶才气纵横的苏东坡

苏轼（1037—1101年），字子瞻，号东坡居士，北宋眉州眉山（今四川眉山县）人。北宋文学家，文章诗词书画皆所擅长，唐宋八大家之一，仁宗嘉祐二年（1057年）考中进士。他与父亲苏洵、弟弟苏辙，合称"三苏"。

神宗时，因与王安石政见不合，请求外任，出为杭州通判，又改任密州等地。元丰二年（1079年），御史台以"讪谤朝政"的罪名将他逮捕入狱，即所谓"乌台诗案"。之后死里逃生，贬为黄州团练副使。哲宗即位后，他担任翰林学士、侍读学士。哲宗绍圣元年（1094年），苏轼以讥刺先朝罪被贬英州，未至贬所又贬居惠州（今广东惠阳），后来更远谪到儋州（今海南岛）。徽宗继位，他才遇赦北还，于建中靖国元年卒于常州（今江苏常州）。

他认为作文的艺术境界是："如行云流水，初无定质，但常行于所当行，常止于所不可不止。文理自然，姿态横生。"

▶方山子传（节选）

独念方山子[①]少时，使酒好剑，用财如粪土。前十有九年，余在岐山，见方山子从两骑，挟二矢，游西山。鹊起于前，使骑逐而射之，不获。方山子怒马[②]独出，一发得之。因与余马上论用兵及古今成败，自谓一世豪士。今几日耳，精悍之色，犹见于眉间，而岂山中之人哉？

然方山子世有勋阀[③]，当得官，使从事于其间，今已显闻。而其家在洛阳，园宅壮丽，与公侯等。河北有田，岁得帛千匹，亦足以富乐。皆弃不取，独来穷山中，此岂无得而然哉？

余闻光、黄间多异人，往往阳狂垢污[④]，不可得而见。方山子傥[⑤]见之欤？

---

① 方山子：姓陈，名慥，字季常，宋眉州青神人，自号龙丘居士。晚年弃宅第，庵居蔬食，戴方形高冠，人称方山子。
② 怒马：快马。
③ 勋阀：勋，功勋；阀，功绩、功劳。旧时有功勋的臣子，皆书有功状，榜于门左，故称"勋阀"。引申为名门望族。
④ 阳狂垢污：假装癫狂不洁之人。阳，同"佯"假装。
⑤ 傥：或者、或许。

▶语译

回想起方山子年少的时候，纵情任性地喝酒弄剑，挥霍无度，视金钱如粪土。十九年前，我在岐山，曾见方山子带着两名骑马的随从，挟藏两副弓箭，在西山游猎。见到前方有鹊鸟飞起，方山子便命令随从追赶射击，然而未能射中。方山子于是快马加鞭，独自向前，一箭便射中。意气昂扬的他骑在马上，与我谈论用兵之道以及古今成败的事理，自认为是一代的豪杰。至今不过短短的时日，那股英气精悍的神色，依旧显现于眉宇之间，我疑惑着，他哪里会是一位蛰居山中的隐士呢？

方山子出身于功勋世家，循例应可做官。假如他投身官场，现在早就显达有名望了。他原本家在洛阳，园林宅第富丽，与公侯之家不相上下。在河北也有田产，每年可得千匹丝绸收入，这也足以使得生活富乐了。然而他抛开这些，独自来到穷山荒野中，这难道是因为心中无所领悟才这样吗？

我听说光州、黄州一带颇多奇人，常常佯装疯癫、外表脏污，但是无法遇见。方山子或许才能够遇见他们这样的人吧！

▶我读我思

透过事件强调个性

传，是古代文体之一，用来记载人物事迹。我们如今多把此类作品统称为传记。《方山子传》是一篇布局奇特的人物传记，长仅四百多字。透过这里节录的两百余字可以看出方山子的形象，也可以隐约揣测苏东坡为何要如此描写一个好朋友。苏东坡写这篇《方山子传》，重点不在详细交代身形外貌，而是要揭示一种生命态度。这篇文章精彩的地方，是透过事件来强调个性。我们看见了方山子的精彩，其实也就看见了苏东坡这个书写者的价值判断。

从装扮形塑个人风格

在篇章的开头，苏东坡不作寻常起笔。一般人物传记里惯有的家世、籍贯、姓名，这里全都略去不谈，反倒是告诉我们这个主角人物的绰号，以及他崇拜的对象，进一步说明绰号从何而来。方山子少年时或许血气方刚，想要行侠仗义，特别向往朱家、郭解的为人。他的这两个偶像，是汉朝著名的侠客，喜欢挺身而出为人解忧。方山子稍长才折节读书，希望实现政治抱负。然而他一直未受赏识，无法施展才华。年纪老大了，便隐居光州、黄州，往来山中。因为总戴着一顶方山冠（方形古帽），就被称为方山子了。

从装扮可以看出个性，从装扮也可以形塑个人风格。在古代社会，男生的帽子标志着年纪或身份，年满二十岁叫做弱冠，因着身份、官位不同，帽子的样式也有差异。这种方山冠，原本是汉代宗庙祭祀时乐舞者所戴的，到了唐宋两代仍有一些隐士喜欢做这种装扮。于是，帽子便成为了象征。

短句简洁顺畅，利落而昂扬

次段，记述苏东坡因为被贬黄州，才在岐亭巧遇方山子。透过苏东坡的对答，顺势点出方山子姓甚名谁。对于这不期然的相见，东坡说："这是我的老朋友陈慥（季常）啊，怎么会在这里呢？"方山子也惊讶地问东坡为何会到此地。知道了原因后，方山子先是低头不语，接着仰天大笑，邀请东坡到家中作客。方山子家里环堵萧然，一贫如洗，即便如此，妻儿奴仆却都怡然自乐。（妻子奴仆尚且如此，方山子想必也能自乐的。）这时，苏东坡对这样的景象感到惊奇了。久别重逢之际互问遭遇，陈季常低头不语然后仰天大笑，这动作本身就饶富意味。我们或可推敲：低头不语是若有所思的感伤？仰天而笑是在自嘲彼此都不遇于世？于是只能在这场合里交换困顿的消息？

交代了重逢景况，文章接着就是苏东坡印象中，几件足以代表方山子气质神采的事件了。苏东坡笔锋一转，将场景迅速切换到十九年前。初见陈慥的状况，考验着苏东坡的叙事功力。他究竟要怎样将画面鲜明的带出来呢？人际交往，第一印象是至关重要的。从第一印象，我们辨识对方是否值得交游往来，思量言语交谈的深度。从第一印象，决定了彼此往后的关连或不关连。

苏轼三言两语，就召唤出十九年前的记忆。短句简洁顺畅，利落而昂扬。先写当下之重逢，再写过去的初见，情境的跳接毫不生涩，方山子年少时的意气风发，正好与当下的隐遁贫窭形成强烈对比。身为读者当然好奇，这中间究竟发生了什么事？苏东坡没有明说。没有明说的部分，或许也就是他自己的遭遇。

从异于常人之处写起

方山子这个人物的形象，苏东坡只用四百多字便勾画得清晰深刻，读来如在眼前。苏东坡从他异于常人之处写起，那些看似怪异的行为，一下子就吸引住了读者的目光。少年飞扬跋扈、一身侠义，"怒马独出"就能弯弓射鹊，可说是武功高强了。他与苏东坡谈论兵法，分析古今成败，想必是气度恢弘，展现了无比的自信，自认为是豪士。俗语说物以类聚，年轻的陈季常如此自负，苏东坡怕也不遑多让吧。初见任侠不羁的青年陈季常，言语投机才能结为好友。陈季常家世显赫，在洛阳拥有豪宅，在河北的田产收入颇为丰厚。凭他的家世与才华，想要出仕做官应当不是难事。然而他舍弃一切，隐居在荒僻的乡野。这样的作为，更显出方山子的特别。背后的原因，也更加引人寻思。

凸显对方，对照自我

这位帽子先生，曾经扮演过"侠"与"士"，最后选择的却是"隐"。这是衷心向往还是不得不然？其中有许多值得我们思考的空间。"侠"、"士"、"隐"三种人格特质，在陈季常身上显现，不同时期有不同的风采。人在面对环境的时候，自己的态度可能改变环境，也可能被环境所改变。想要驰骋当世的人，"不遇"（没有出路、无法施展）或许才是做出人生抉择的关键。选择隐居的陈季常，与卷入政治纷争而遭受贬谪的苏东坡相遇了。这样的"遇"，更加深刻地对映出各自的"不遇"。宋神宗元丰二年（1079年），李定、舒亶等人诬陷苏东坡诗文讪谤朝廷，下狱治罪，史称"乌台诗案"。苏东坡死里逃生，被贬黄州团练副史。已经年过四十的苏东坡遭此挫折，内心当然有深切的感触。写陈季常的时候，不断凸显对方，其实也正是在不断地对照自我。他对陈季常的理解，往往也是自我理解的一部分。

最后一段里，苏东坡说光州、黄州间多"异人"，这些奇异之人往往佯狂垢污，气质张狂非理性，美化一点的说法或许是不修边幅的潇洒。苏东坡说他们不可得而见，于是要问问方山子，或许他见过了吧。"阳狂垢污"的"光、黄异人"是谁？不正是方山子吗？不正是中年被贬谪的苏东坡自己吗？写他人的同时，也暗示了自己的心境，苏东坡确实高明啊！

顺带一提，陈季常的轶闻奇事不只这一桩。苏轼《寄吴德仁兼简陈季常》诗中写着："龙丘居士亦可怜，谈空说有夜不眠，忽闻河东狮子吼，拄杖落地心茫然。"陈慥之妻柳氏凶悍善妒，苏东坡写诗将陈妻比为河东狮，形象亦极为鲜明。《方山子传》里陈季常的英雄形象，在另一篇作品中竟成了怕老婆俱乐部的会员了。"河东狮吼""季常之癖"后来变成成语典故，苏东坡摹状人物的功力可见一斑。

▶以古观今

传记作品的书写重点：写人物必须从经验出发

传记类型的作品，往往要介绍人物的姓氏籍贯、生卒年月、生平行事，以平铺直叙为主。这样的写法固然平易翔实，但却容易让人读了觉得千人一面。就像许多小学生写自己的爸妈，和别人的爸妈没什么不一样，不高也不矮，不胖也不瘦。人物描写若是沦于这种境地，或许是因为书写者本身感官的迟钝、思想情感的贫乏。

经验的单调与贫乏，是我们现代生活中最可怕的现象。不管是求学或就业，每一个现代社会体制下的心灵，往往欠缺了创造的勇气与能力。在人与我何其相像的世界里，我们不免怀疑，自己的生命还有故事好说吗？自己的面目，真的和他人不一样吗？张爱玲说过："生活的戏剧化是不健康的。像我们这样生长在都市文化中的人，总是先看见海的图画，后看见海；先读到爱情小说，后知道爱；我们对于生活的体验往往是第二轮的，借助于人为的戏剧，因此在生活与生活的戏剧化之间很难划界。"欠缺生活体验，没有故事好说的人生，我以为是不值得活的。

卷一

苏东坡的《方山子传》提醒我们，写人物必须从经验出发。摆开俗套，另辟蹊径。试图挖掘故事，才能把人物写得奕奕有神。有时自己的心事说不出口，那么不妨说说他人的故事。

自己的看法

——《读孟尝君传》 宋·王安石

▶唐宋八大家之一的王安石

王安石（1021—1086年），字介甫，号半山，北宋抚州临川人。仁宗庆历二年（1042年）进士，嘉祐三年（1058年）曾上万言书，主张政治革新。宋神宗时两度拜相，在位期间进行改革，推行新法，由于用人不当、操之过急，新法终告失败。晚年退居江宁，封为荆国公，卒谥文。王安石自幼聪慧、好读书，长于雄辩，文风峭拔，后人将他列为"唐宋八大家"之一，著有《临川先生文集》。

▶读孟尝君传

世皆称孟尝君能得士，士以故归之，而卒赖其力以脱于虎豹之秦。嗟乎！孟尝君特^①鸡鸣狗盗^②之雄耳，岂足以言得士？不然，擅^③齐之强，得一士焉，宜可以南面^④而制秦，尚何取鸡鸣狗盗之力哉？夫鸡鸣狗盗之出其门，此士之所以不至也。

▶**语译**

世人都称赞孟尝君能够招揽贤士，因此贤人都归附于他的门下，孟尝君最后依靠他们的力量，使他从像虎豹一样凶狠的秦国逃脱出来。唉！这样说来，孟尝君只不过是鸡鸣狗盗的首领罢了，哪里能够说得上延揽天下贤士呢？不然的话，孟尝君凭借齐国强大的国力，只要得到一个真正的贤士，齐国应该就可以成为天下霸主而制服秦国，哪里用得着鸡鸣狗盗之徒的力量？鸡鸣狗盗之徒出现在他的门下，所以真正的贤士就不来归附他了。

---

① 特：只是。
② 鸡鸣狗盗：言学鸡鸣，扮狗作盗。后比喻有某种卑下技能的人，或指卑微的技能。
③ 擅：独揽。
④ 南面：古代人君听政之位居北，其面向南，引申为帝王之位。

▶我读我思

推陈出新，勇于提出自己的看法

司马迁在《史记·孟尝君列传》这篇人物传记里，交代了孟尝君的生平，也提出了简短的评论。《读孟尝君传》是一篇读后感，针对司马迁记载的事件，批驳"孟尝君能得士"的传统看法。全文四句话，不含标点仅有九十字，短小精悍，立意新奇。王安石的议论文章常常能推陈出新，勇于提出自己的看法，不人云亦云，也不作泛泛之论。他的议论文章呈现的特色是：逻辑严密、理路清晰、气势磅礴，为我们印证了，思想就是最美丽的修辞。

孟尝君是何许人也？

要谈《读孟尝君传》之前，得先知道孟尝君是何许人，以及太史公在《史记·孟尝君列传》里是如何评价孟尝君的。

孟尝君姓田名文，父亲是靖郭君田婴。田婴是齐威王的小儿子、齐宣王的庶弟。田婴在威王时就掌权，宣王九年（公元前334年），田婴任齐国宰相。田婴做了十一年宰相，宣王去世后，湣王即位。湣王即位三年，把薛邑赐封给田婴。田婴有四十多个儿子，田文是小妾所生（庶出，非嫡子）。田文生于五月五日，据说这天出生的小孩长大后将有害于父母，田婴便指示不要养活他。然而，田文的母亲还是偷偷把他养大了。长大后的田文以精彩的对答让父亲另眼相看，改变了父亲的态度，后来非常器重他，让他主持家计，接待宾客。宾客往来不断，田文的名声远播于各诸侯国。各诸侯国都派人来，请求田婴将田文立为太子。田婴去世后，追谥为靖郭君。田文在薛邑继承了田婴的爵位，是为孟尝君。

孟尝君招揽各诸侯国宾客以及犯罪逃亡的人，宁可倾尽家产也要让食客拥有丰厚的待遇，因此天下人才无不向往，纷纷前来投靠，食客累计有几千人，不分贵贱一律与田文相同。孟尝君与宾客坐着谈话时，屏风后总会安排侍史，记录谈话内容，以及宾客亲戚的住处。宾客才刚刚离开，孟尝君就已派使者到宾客亲戚家里问候，并且献上礼物。有一次，孟尝君招待客人吃晚饭，灯火被遮住了，某个宾客很生气，认为饭菜的质量一定有差别，放下碗筷就要告辞离去。孟尝君马上起身，端着自己的餐食与宾客相对照，那个宾客发现食物都是一样的，惭愧得无地自容，便刎颈自杀以谢罪。我想，这就是孟尝君的用心与手段，难怪有那么多人才想要跻身于孟尝君门下。孟尝君的智囊团，因此迅速扩增，他的势力也更加庞大了。

孟尝君如何死里逃生逃出秦国?

战国风云诡谲，国与国之间只有利益争逐，不讲信义。各国想要维持自身的生存，除了兵戎相见，只能仰赖谈判、游说，以及缔结各种盟约。知识人才为了施展抱负，往往奔走游说其间，希望投靠于强权。各国招揽、培养人才的风气盛行，称为养士。齐国的孟尝君田文、赵国的平原君赵胜、魏国的信陵君魏无忌、楚国的春申君黄歇，皆争相倾财以待士，并称为战国四公子。四大公子各拥食客，在当时具有很大的知名度与影响力。

王安石《读孟尝君传》撷取《史记》中孟尝君到秦国之事，就此展开议论。事情是这样的，秦昭王听说孟尝君的赫赫名声，先派泾阳君到齐国作人质，并要求见孟尝君。孟尝君准备应邀去秦国，但宾客都不赞成他出行，宾客苏代的分析建议使他打消去秦的念头。齐湣王二十五年（公元前299年），孟尝君终于还是到了秦国，秦昭王让孟尝君担任秦国宰相。但秦国群臣中有人劝说秦王，认为孟尝君是齐王的同宗，凡事必先替齐国打算，然后才考虑秦国，这样秦国可就危险了。于是秦昭王罢免了孟尝君，囚禁起来，想要杀掉他。情况危急之际，孟尝君派人向昭王的宠妾求救。那个宠妾提出的条件是：希望得到孟尝君的白色狐皮裘。这件白色狐皮裘，价值千金，举世无双，孟尝君到秦国后便献给了昭王。正当孟尝君为此事发愁时，有一位能力差但会披着狗皮偷盗东西的食客表示，能取得那件白色狐皮裘。他在夜里化装成狗，钻入了秦宫，偷回了那件狐白裘，再送给昭王的宠妾。宠妾替孟尝君向昭王说情，释放了孟尝君。

孟尝君获释后，立刻出逃，更换出境证件，改名换姓逃走，夜半时来到了函谷关。而昭王后悔放走孟尝君，派人飞奔追捕。孟尝君一行人到了函谷关，按照关法规定，鸡叫时才能放人出关。孟尝君担心追兵赶到，忧心如焚。恰好宾客中有人会学鸡鸣，当他一学鸡叫，附近的鸡也跟着一起叫，他们马上出示证件逃出了函谷关。

想当初，孟尝君把这两个鸡鸣狗盗之人安排在宾客中，宾客们无不感到羞耻，不屑与之为伍。谁知道孟尝君在秦国遭遇劫难，竟要靠这两个人解围。从此以后，门客都佩服孟尝君广纳人才的做法。

正面扣题，反面申论，转折延伸，断语明确

王安石选取《史记·孟尝君列传》的这个段落，或许亦有深意存焉。他一反所有读书心得的写作惯例，不重述事件梗概，不抄写佳句名言，只是提出自己的意见。更特别的是，他的论点只有四句话，九十个字。这几乎是简答题的最佳答题示范了。文章的范围已经限制住了，必须根据孟尝君传记提出观点。写作重点的掌握，才是这类文章的成败关键。

《史记·孟尝君列传》的结尾是这么说的："吾尝过薛，其俗闾里率多暴桀子弟，与邹、鲁殊。问其故，曰：'孟尝君招致天下任侠，奸人入薛中盖六万余家矣。'世之传孟尝君好客自喜，名不虚矣。"这段话的意思是："司马迁经过薛地，感觉到那里民风凶暴，子弟桀骜不驯，与邹地、鲁地大不相同。他询问这是什么缘故，当地人表示，孟尝君招来天下许多负气仗义的人，乱法犯禁者来到薛地的大概就有六万多家。世间传说孟尝君乐于养客而得意自喜，确实名不虚传。"

王安石则毫不客气地质疑了这"名不虚传"，第一句便道出世人的普遍印象：孟尝君能够延揽人才，仰赖他们才逃脱虎豹之秦。而这第一句，正是他底下行文的张本与标靶。第二句以"嗟乎"感叹为起点，驳斥"能得士"的陈言旧说，斩钉截铁地告诉我们：孟尝君不过是鸡鸣狗盗之辈的领袖，而士与鸡鸣狗盗之徒是完全不一样的。第三句有了转折，也加深了反驳之意。他指出齐国之强，得到一个真正的士便可成为天下霸主，这可能也暗示了王安石兼善天下的雄心。第四句顺着前句来说，孟尝君之所以无法得士，正是因为门下充斥着鸡鸣狗盗之徒。

第一句正面扣题，第二句反面申论，第三句转折延伸，第四句断语明确，写得极有条理，展现了高度的思辨能力。吴小林认为："全文通过立、驳、转、断四层，把'孟尝君能得士'的看法一笔扫倒，显得理足神完，语简意深，文短气长，尺幅中具有千里之势，读起来又抑扬顿挫，声韵谐美。"清代的沈德潜《唐宋八大家文读本》也称赞王安石此文："语语转，笔笔紧，千秋绝调。"

▶ **以古观今**

好的读后感，最可贵的是思想的高度

近年来大学语文入学考试的非选择题，常引述古今诗文要考生根据引文简要回答问题。这除了测试阅读理解能力，也在考验能否提出个人的主张与见解。然而，想要适切地分析事理，并不是那么容易的事。当别人都说孟尝君善于养士，王安石偏不。王安石的翻案文章写得掷地有声，让人叹服。如果生在当代，他一定是写简答题的能手。当伤春悲秋已经成为俗套的时候，我们何苦让自己陷入思考的怠惰，附和那些无趣的庸俗？同样是面对秋天，每个人的情绪是不一样的，思维方式也是不一样的。我们应该珍惜自己的这一份差异，勇敢、合理地提出自己的看法。

思想贫乏、人云亦云，是文章写作常见的通病。许多文章无法有新意，是因为一直重复前人已经说过的话，套用既有的概念，沿袭固陋的成见。一篇好的读后感，或是一篇精彩的心得，最可贵的就是思想的高度。思考能否深刻，决定了文章的高下。想要提升思辨能力，必须先让自己的脑袋灵活，在面对事物表象的时候能够迅速掌握本质。立意高明之外，还要有精确的逻辑、严密的推论，才能使得文章具有穿透力。

更好的生活

——《五柳先生传》 东晋·陶渊明

▶不为五斗米折腰的陶渊明

陶渊明（约365—427年），东晋诗人，一名潜，字元亮，私谥靖节先生。他的生卒年岁推定困难，连世系、爵里、名字也有许多种说法。他是浔阳柴桑（今江西九江）人，曾祖父是东晋名将陶侃。他曾因亲老家贫出任江州祭酒，上任不久便挂冠求去。后来江州召为主簿，辞不就职。不久，再度出仕为镇军参军及建威参军，饱受征战行役之苦，后来解甲归田。晋安帝时因为耕植不足以自给，生活贫困，经由叔父推荐，出任彭泽令。陶渊明就职八十多天，因"不能为五斗米折腰"，辞官隐居，《归去来兮辞》便是他表明心志的重要作品。入宋后，不再出仕，躬耕自养而终。

▶五柳先生传

先生不知何许人也，亦不详其姓字。宅边有五柳树，因以为号焉。闲静少言①，不慕荣利。好读书，不求甚解②。每有会意，便欣然忘食。性嗜③酒，家贫不能常得。亲旧知其如此，或置酒而招之。造饮辄尽④，期在必醉。既醉而退，曾不吝情去留⑤。环堵萧然⑥，不蔽风日；短褐穿结⑦，箪瓢屡空⑧，晏如⑨也。常著文章自娱，颇示己志。忘怀得失，以此自终。

赞⑩曰：黔娄之妻有言："不戚戚于贫贱，不汲汲于富贵。"其言，兹若人之俦⑪乎？衔觞⑫赋诗，以乐其志，无怀氏之民欤？葛天氏之民欤？"

---

① 闲静少言：安闲沉静不多话。
② 不求甚解：此指不拘泥字句，不钻研无关紧要的问题。
③ 嗜：特别爱好。
④ 造饮辄尽：一到了就尽情喝酒，总是把酒喝光。造，到。辄，往往、总是。
⑤ 曾不吝情去留：从来不会舍不得离开。曾，从来。吝，惜、舍不得。去留，偏义复词，这里只取"去（离开）"之意。
⑥ 环堵萧然：屋内空荡荡的，形容居所简陋，生活贫穷。环，四周。堵，墙壁。萧然，空寂的样子。
⑦ 短褐穿结：有破洞经过缝补的粗布短衣。褐，粗布衣。穿，破洞。结，缝补。
⑧ 箪瓢屡空：餐具、水瓢里经常是空的。这里指饮食常常缺乏、不足。箪，盛饭的圆形竹器。
⑨ 晏如：安然自得的样子。
⑩ 赞：传记结尾的评论文字。
⑪ 俦：chóu，类。
⑫ 衔觞：喝酒。觞，酒杯。

▶语译

先生不知道是什么地方的人，也不清楚他的姓名字号。他住屋的旁边有五棵柳树，因此就称他为五柳先生。他的为人安闲沉静，很少说话，毫不羡慕荣华名利。喜好读书，只求通达文意，不拘泥于字句。每当对书中的见解有所领会，便会高兴得忘记吃饭。他生性喜欢喝酒，却因家里贫穷，不能常有酒喝。亲友知道他这样，有时会准备酒来招待他。他一到总是尽情畅饮，必定喝到醉才停止，已经喝醉了就告辞，从来不会舍不得离去。他家徒四壁，屋子不能遮蔽风吹日晒。穿的是有破洞、缝补过的粗布短衣，饮食也常常缺乏不足，可是他却能安然自得。常写文章娱乐自己，很能表达自己的志向。不在意一切世俗的得失，就这样度过一生。

赞语说，黔娄的妻子曾说过："不因贫穷卑贱感到忧虑，不汲汲营营求取富贵。"推究这些话，五柳先生大概就是这一类的人吧！喝酒作诗，使自己心志快乐，他是古代社会无怀氏的百姓吧？是葛天氏的子民吧？

▶《黔娄之妻》典故

黔娄夫妇的品格历来广受称颂。刘向《列女传》、皇甫谧《高士传》都记载了这对夫妻的事迹。陶潜在《咏贫士》诗中也曾赞美黔娄的品德："安贫守贱者，自古有黔娄。"《高士传》说他是春秋时齐国人，鲁恭公听说他贤能，曾派遣使者致礼，赐粟三千钟，想聘他为宰相，他坚决推辞不受。齐王派人送他黄金百斤，想聘他为卿，他也不接受。《列女传》说他是鲁国人，因为贫穷，死时衣不蔽体。曾子和学生们都前往吊唁，看见黔娄尸体停放窗下，只用布被盖着，但是连头脚都无法遮盖住。如果遮住头，脚就露出来。如果遮住脚，头部就会露在外面。曾子说："如果斜拉布被，就可以将尸体全部遮盖。"黔娄妻子说："黔娄在世行事都不斜曲，死后却要他斜，这不符合他的心意。"曾子认为："黔娄这样贤能的人，才有这样贤慧的妻子。"

▶我读我思

先叙述，后议论：陶渊明的自我投射

根据沈约在《宋书·隐逸传》里的说法，《五柳先生传》可以看成是陶渊明的"自况"。这篇文章虽用史传体来书写，但深入探究文意当可发现，五柳先生的故事其实就是陶渊明的自我投射。文章先叙述后议论，藉由故事反映人物精神，最后引用古人之言，以议论笔调彰显高洁的人格。

写传：模仿史官记录模式，兼有撰述者的评语

依照古代人物传记的写作通例，通常开篇会先叙述传主的姓名籍贯，接着交代人物的重要事迹以及影响，最后是写作者对主角人物的论赞，给予适度的褒贬。《五柳先生传》刻意模仿史官的记录模式，大略可分为"传"与"赞"两大部分。"传"的部分以事件来铺陈人物形象，"赞"的部分则提出自己的评价。

史传文章普遍的写法是：实录行状（按实记录生平事迹）、美刺褒贬（给予正面或负面评语）。籍贯、姓名、字号、学问、生活状况、交游往来……，这些项目自是不可或缺。人物特色的展现与撰述者的评语，也是应该要有的。陶渊明此文的叙述模式，大概不脱这种传统。特殊的是，他套用了格式、惯例之后，又用自己的创意翻转出新奇的人物形象。五柳先生的样貌，那看似虚构的一切，于是显得无比鲜活、无比真实。

为隐逸高士写传的风气古已有之，超脱于功名利禄的人

格形象历代以来也备受推崇。陶渊明没有明写自己，倒是用非常迂回的方式塑造一个现实里无法稽考的人物。这个名不见经传的五柳先生，一看就知道那是陶渊明的自我比拟。陶渊明对自己的生涯规划想必十分自信，心胸开阔潇洒，才会把五柳先生的情怀用史传形式呈现出来。或者说，他认定这样的隐士够有资格名列青史。而陶渊明本身的隐逸事迹，当然是被史传正正经经记载的。

背景：时局纷乱，用锄头与笔墨解救自己

东汉末年以来，人们喜欢品评人物，并发展出一套评价人物的系统。若是受到主持评议的名士肯定，名声就会非常响亮。曹魏时期，"九品官人法"的制定，规定各等级的官员该享有的俸禄，以及他们的职务。"九品"指的是等级高下之分：上上、上中、上下、中上、中中、中下、下上、下中、下下，以九个等级来区分人物。政府设置"中正"官，专职品评人物，将人才区分品级，作为任用标准。这项措施原意是为了避免汉代"察举"流弊，让真正的人才可以出头，让社会注重清议，利于推行教化。后来中正官的品评有欠客观，过度重视门第，于是世家大族累世皆为公卿，形成"上品无寒门，下品无世族"的现象。

陶渊明成长、生活的年代，门阀观念越来越明显。时局的纷乱让他企图寻求心灵的美好原乡，《桃花源记》里所勾勒的乐土确实令人向往。越是在苦难的时代，人们对幸福就有越多的想象。东晋时，"高门华族有世及之荣，庶姓族人无寸进之路"。豪门大户的子弟很容易找到出路，平民百姓想要翻身则更加困难，社会阶级的流动显得迟缓，朝廷权力也一直掌握在王姓、谢姓这些大族手中。

有心想要改善社会的人，眼见现实如此，难免要流露出失望。在那个没有科举考试的年代，知识分子一定充满疑惑：如何才能促成社会的正义公平？如何才能不问出身用最合理的方式甄拔人才？如果一个社会不能善待人才，那势必要走向堕落。陶渊明或许已经不耐烦，已经厌倦这种堕落，所以只好退回自己的梦土，用锄头与笔墨解救自己的生命。

否定的美学，有破除门第偏见的意图

我一直认为，《五柳先生传》揭示了一种"否定的美学"。他否定当时世俗价值的趋向，用自己的文字赋予生活新的价值。陶渊明不屑去谈一般人在意的郡望、门第、宗谱，只写自己在意的种种事项。五柳先生轻狂不羁的形象，或许是对世家大族的调侃，也或许是对时代风气的鄙夷。

这篇文章里面，一再出现"不"字，用反面的、否定

的形式提供了人生意见。开篇第一句就说"先生不知何许人"，简直是废话。但这句话却打破了史传记录的规矩，以"不知"来提引陶渊明的标榜与告知。他可能没有显赫的名声，却有活泼的生命气象。陶渊明在意的是生命、是生活本身，而非无谓的社会地位。郡望、门阀、姓氏都不重要了，重要的是回到一个人生活的根本。主旨回到命名取号的关键，生活不需为名号头衔服务，姓名应该要为生活服务才是。被虚名冲昏头的人，一定要大大惊叹这人的名号竟然只是因为住宅旁有五棵柳树。如此写来，确实有破除门第偏见的意图，也有反对卖弄名声的意思。

承继不详姓名的概念写下来，陶渊明用简洁的描述取代定义，不使用陈言套语，不过度美化人物，只是将人物形象带到读者面前。他知道的是，这个人不多话，不追求名利。喜好读书，却不拘泥在字句上。爱喝酒，却常常没钱买酒喝。有人请喝酒，他也是喝醉了就走，毫不留恋耽溺。家境贫穷而不以为意，不改其乐。写文章只是自娱，显现自己的情志，而非沽名钓誉。这些重点情节，是经过审慎判断才选取的。

陶渊明用"否定的美学"告诉我们，更好的生活不是非要如何不可，而是一串的"不、不、不"。用排除的方式，道出不羡慕、不追求、不执着、不留恋……才能实现美好的生活。短短的段落里，气质个性、读书态度、物质生活、兴趣嗜好、志向抱负……写得相当准确又传神。

论赞文字一定要有立场，要能判断是非曲直

赞语引用了刘向《列女传》里黔娄之妻的典故。引用的部分相当精简，又使文意得以衍伸。结尾的问句里，答案不言而喻。无怀氏、葛天氏都是上古社会的帝王，这也暗示了陶渊明对纯朴无争的美好世界有一份特别的向往。论赞文字一定要有立场，要能判断是非曲直。五柳先生的特点可从两面归结：一是不在乎贫贱富贵，这才是真正的隐士。二是渴望无为而治的美好社会，这或许是陶渊明对当时社会的无奈感慨使然。

在《五柳先生传》里，立意奇特、结构层次井井有条、语句流畅自然，这些都不在话下。最值得参考的是，陶渊明如何选取材料来发展自己的文章。不管是在"传"或"赞"中，陶渊明每一项材料的运用，都为了扣紧核心思想，都为了写出人生的境界与向往。当别人都呼喊着"我要……"，他偏偏说"我不要……"。

▶以古观今

生活琐事写起，材料运用巧妙

要展现过人的叙事技巧，必须好好面对事物本身。夏

丏尊、叶绍钧认为："一件事物的事项，可以多至无限。所以，材料不愁没有，问题只在怎样判别，怎样取舍。""依了文章的意味，从题材所包含的事项里选取一群适宜的材料，这是第一步。第二步就得把意味再来分析，同是知识，方面有许多种，同是情味或教训，性质也并不单纯。要辨别得清清楚楚，然后从选好的一群材料里，精选出适切的材料来运用。材料本身有大有小，但写入文章里去，大的并非就是重要的，小的并非就是不重要的。"

陶渊明这篇《五柳先生传》几乎没有什么"大事"，纯就日常生活琐事写起，藉由小事来点出人格，在材料的运用上实在非常巧妙。

卷二

那一晚的月光

——《记承天寺夜游》 宋·苏轼

▶记承天寺①夜游

元丰六年②十月十二日夜，解衣欲睡，月色入户，欣然起行。念无与为乐者③，遂④至承天寺寻张怀民。怀民亦未寝，相与⑤步于中庭。庭下如积水空明，水中藻荇⑥交横，盖竹柏影也。何夜无月？何处无竹柏？但⑦少闲人如吾两人耳⑧。

---

① 承天寺：现在湖北黄冈南。
② 元丰六年：公元1083年。元丰，宋神宗年号。
③ 念无与为乐者：念，想到。与为乐者，共同游乐的人。
④ 遂：于是。
⑤ 相与：一同，共同。
⑥ 藻荇：泛指水草。荇，xìng，多年水生草。
⑦ 但：只是。
⑧ 耳：罢了。

▶语译

元丰六年十月十二日的夜晚，我脱去衣服想要睡觉。月光从门口照了进来，我一时感到欣喜，便起身出去走走。心想，此刻没有同享这份快乐的游伴，于是到承天寺寻找张怀民。正好怀民也还没睡，两人就一起在庭院中散步。庭院里盈溢着月光，好像积水般的澄澈透明，水中似乎还纵横交错着水草和荇菜，那原来是竹子和柏树的影子啊。我不禁想问，哪一个晚上没有月亮？哪一个地方没有竹柏呢？只是世上很少有悠闲之人，可以像我们这样欣赏生活中的美吧。

▶我读我思

真正动人的随笔，必须慎选材料，详加剪裁

《记承天寺夜游》可以视为随笔，也可看成日记。全文八十四个字（不含标点），展现了苏东坡敏锐的观察力与丰富的想象力。他面对生活的态度，也在短短的篇幅里一览无遗。我们平常讲话、写日记或周记，总是随心所欲，想到什么就讲（写）什么。用词是否精准、叙述是否清楚、概念是否深刻，似乎就不太讲究了。然而，真正动人的随笔、日记，还是必须要慎选材料，详加剪裁。如此，意义的传达才能够充分确实，具备完整的美感。

被贬黄州，物质虽贫困，创作却大丰收

这篇《记承天寺夜游》看似随兴，字句仿佛只是信手拈来，却毫不散乱。文章里，无处不散发着意义、包含着情趣，可说是匠心独具了。本文写于宋神宗元丰六年（1083年），在那时，苏东坡已经被贬谪到黄州四年了。元丰二年（1079年），李定、舒亶等人摘出苏东坡诗文，弹劾他讪谤朝廷，诬陷下狱治罪，史称"乌台诗案"。苏东坡死里逃生，被贬为黄州团练副史。苏东坡这时，已经称不上是什么官，不过是"本州岛安置"，且不得参与公事。这个有职无权的闲官，状况堪忧。

黄州时期的苏东坡，物质生活相当贫困，创作却是大丰收。《记承天寺夜游》一文，是苏东坡在黄州所写的诸多杰作之一。他用文字体现了艺术的最高境界，就是能够提炼生活中的美。苏东坡善于用简洁的叙事笔触，把事情说得情味十足。也擅长描写勾勒物象，藉由物象或意象暗示心中的感受与想法。

开篇道出时间，点出重要象征

我们知道，叙述有几个主要面向：人、事、时、地、物。之所以说这篇文章像是日记，是因为一开头便简单交代了时间："元丰六年十月十二日夜"。文章写作时间的标示，可以放在开篇，也可置于篇末。放在开头来写，可见这个时间是重要的。就是这个时间点，苏东坡自己心里，想必明白了什么。那是农历十月，时序进入了初冬，天气应该已经变得寒冷了。苏东坡看似呆板地写出年月日，又加了一个"夜"字。如此利落地呈现，或许是想要透露这样的季节、这样的夜里，该会有一些事情发生。这样一来，也让读者有了想象、思索的空间。

因为是冬夜，才有睡前解衣的动作。然而解衣之时，无意中看见月色入户，情绪便有了转折。他起身外出，想要在夜中寻乐。没想到走了一会儿，皎洁美丽的月光反而让人不乐了。原因就在于，没有人可以与他同乐。心中的"乐"与"无与为乐"，确实层次井然，有条不紊，展现了高超的叙事技巧。特别是"解衣欲睡""月色入户""欣然起行"这几句，用字无比地节省，省略的部分亦不造成阅读理解的障碍。反而促使我们推测，苏东坡的动作究竟透露了怎样的心理状态。四字句读来典雅庄重，节奏平和，也造成听觉上的谐美。

在苏东坡心里可能孤独彷徨之际，忽然想起一个人。那个人可以共乐，可以与他共享这一晚的月光。若说星星是穷人的钻石，美好的月光应该就是困顿者眼中的珍珠了。苏东坡心念一转，随即去找张怀民。张怀民是苏东坡的好友，名梦得，字怀民，清河（今河北清河）人。那时也被贬到黄州，寄居承天寺。

不啰唆，不俗套，不作流水账式的书写

美国女诗人普拉斯（Sylvia Plath）曾说，一起呕吐过的人，总是比较容易成为知交。苏东坡与张怀民同样被贬，同处患难，相知相惜之情或许更为浓烈。苏东坡用一个句子来铺陈思想与行动，"念无与为乐者"这个想法，引发他"至承天寺寻张怀民"的行动。

在一般人流水账似的日记里，可能要琐琐碎碎地写着：花了多少时间前去探访张怀民、见面后如何寒暄讲了些什么话，想跟他分享什么快乐。怀民是否接受自己的建议，同去欣赏月光……幸好苏东坡不这么啰唆，也没这么俗套，只写了这么两句："怀民亦未寝，相与步于中庭。"这个"亦"字与"相与"用得真好！他们有着"同样"的命运、"同样"的遭遇，以及"同样"的心情，乃至于能够"一起"行动，"一

起"享受月光的照临。

时间、地点、人物、事件都安排允妥了，叙述至此用了仅仅四十七个字，实在是最高明的省话方式了。这一层次的叙事，朴素淡泊，流畅之至。文字简洁，该讲的都讲了。这也缩短了叙事时间，避免了冗赘。讲完这些，苏东坡要尽力描摹的，是一个美感洋溢的世界。

字句中有画面，把视觉经验写得空灵通透

他把视觉经验写得这般空灵通透："庭下如积水空明，水中藻荇交横，盖竹柏影也。"这里只用了十八个字，便点染出月光的澄净、竹柏影子的斑驳交错，藉此营造出一片迷离静好的夜色。这个层次主要着力于写景，字句中有画面，艺术效果极佳。作者惜字如金，让我们恣意想象着，朗月清辉洒落，庭中积水空明，波光中隐约还有水草漂浮摇曳。我们或许要开始无端地思索：什么是镜花水月？什么是真实？什么又是幻象？

"影"与"光"参差映衬，竹柏之影被比喻为水中藻荇，苏东坡描写景象的功力不凡，让这一晚的月光成了文学史上的永恒。因此我们不免要追问：恍如仙境的承天寺里，到底都收容了什么人呢？也许是僧人，也许是像张梦得这样的失意

之人吧。这里或许又可对比出"圣"与"俗"，用一片空明映照出凡尘荣利的不堪。

用反诘的方式导入说明与议论

结尾可以看作是第三个层次，苏东坡用反诘的方式导入说明与议论。作者感慨提到"何夜无月？何夜无竹柏？"，话说穿了，月夜竹柏其实人人可赏。可是纷扰红尘中，谁有闲情雅致来欣赏？好像世界上只有他与张怀民，能够独得这份美景。

为什么呢？

苏东坡通篇文字里，画龙点睛之妙在于"闲"字。他谪居黄州，只是个有名无实的官，无法参与公事，心境可能是无比落寞的。一个"闲"字里头，可以让人多方联想。最直接、正面的想法是，心境转换了，思考超脱了，才拥有这份闲趣。但更细致委婉的体察之下，我们会发现，这与儒家的兼善天下、经世济民的理想有着极大落差。"闲人"可能就是不得意的投闲置散之人啊。而他闲里享乐的同伴，名字偏偏叫做"怀民"，滋味真是复杂了。

这篇日记体的文章简洁精炼，将叙事、描写、说明与议论镕铸为一体。苏东坡的文字就像行云流水，"常行于所当行，常止于不可不止"。诗意盎然，浑然天成。

▶以古观今

深人所见于物者亦深，浅人所见于物者亦浅

朱光潜说："每人所见到的世界都是他自己所创造的。物的意蕴深浅与人的性分情趣深浅成正比例，深人所见于物者亦深，浅人所见于物者亦浅。"我相信，只要愿意打开自己的感官与心灵，真实地认识这个世界，每一个人都是有话可说的。一个有思想、有感情的自我，在表达的过程中，才显得更加完整。

自然山水与生命情怀

——《与宋元思书》 南朝·梁·吴均

▶文章清拔美丽的吴均

吴均（469—520年），字叔庠，南朝梁故鄣（今浙江省安吉一带）人。史学家说他家世寒贱，好学而有才华，为沈约所称赏。梁初，为吴兴郡主簿，官至奉朝请。因为私撰《齐春秋》，被武帝罢黜。后来奉诏撰写《通史》，未成而死。吴均擅长写诗，写景之作与小品书札极为杰出，文章风格清拔美丽，被称为"吴均体"，著作有《吴朝请集》。

▶与宋元思书

风烟①俱净，天山共②色，从流飘荡，任意东西。自富阳

---

① 烟：指云雾。
② 共：同，一样。

至桐庐①，一百许里，奇山异水，天下独绝。水皆缥碧②，千丈见底。游鱼细石，直视无碍。急湍甚箭，猛浪若奔。夹岸高山，皆生寒树，负势竞上，互相轩邈③，争高直指，千百成峰。泉水激石，泠泠④作响；好鸟相鸣，嘤嘤⑤成韵。蝉则千转⑥不穷，猿则百叫无绝。鸢飞戾天者⑦，望峰息心；经纶⑧世务者，窥谷忘返。横柯上蔽⑨，在昼犹昏，疏条⑩交映，有时见日。

▶语译

风雾与烟霭已经完全消散，天空与山峰显现出同样澄净的颜色。我搭着船，任随江水漂游流荡，全凭它向东或向西，一片随意自在。从富阳到桐庐一百多里的水路上，所能见

---

① 富阳：今浙江富阳县，在杭州西南，因县城位于富春江北而得名。桐庐：今浙江桐庐县，位于富春江沿岸。
② 缥碧：青苍色。
③ 互相轩邈：互相比高比远。轩，高。邈，远。
④ 泠泠：流水声。
⑤ 嘤嘤：鸟鸣声。
⑥ 转：同啭。原指鸟声婉转，此指蝉鸣。
⑦ 鸢飞戾天者：鸢，鹞鹰。戾，至。此喻追求富贵功名飞黄腾达的人。
⑧ 经纶：原指整理丝缕。引申为规划、治理。
⑨ 横柯上蔽：柯，树枝。横斜的树枝遮蔽上方。
⑩ 疏条：树枝疏密之间。

到的奇山异水，可说是天下绝无仅有的风景。江水全是青苍之色，仿佛真可见到千丈深的水底，就连游鱼和细石，都可以看得清清楚楚。湍急的水流比飞箭还快，汹涌的浪涛奔腾不已。两岸高山夹峙，上头都生长着耐寒常青的树木。群山凭借地势，争着向上发展，互相比高比远，它们直指天空，形成千百座的峰峦。泉水冲激石块，发出泠泠的声响；可爱的鸟儿彼此和鸣，交织出和谐美妙的旋律。蝉的嘶鸣似乎没有休止，猿猴啼叫的声音不绝于耳。在仕途上追求像鸢鹰一样飞黄腾达的人，只须看一眼这美丽的峰峦，就能平息追逐名利的心。整天忙于处理世俗事务的人，望见如此幽深的山谷就会流连忘返。横斜的树枝遮蔽了天空，即使是白天，也暗得有如黄昏。枝条交相掩映，有时也会看到一些阳光。

▶**我读我思**

透过山水揭示生命情怀

《与宋元思书》是吴均写给友人宋元思的一封书信，现存版本中，文字是经过节录的。宋元思一作朱元思，应是误传，其人生平不详。吴均信中的这段书写，非常干净利落地描写出富春江上的风光。他舟行江上，看见的是从富阳到桐庐这一带的"奇山异水"。山之奇与水之异，在他笔下历历如绘，宛如一幅脱俗的文人画。古代文人往往透过山水来揭示生命的情怀、人生的高度。

深厚写景功力

吴均常常用骈文写书信，《与宋元思书》《与顾章书》，都表现了深厚的写景功力，可说是唐代山水游记的先声。他也因为私撰《齐春秋》，不顾梁武帝忌讳，实录齐、梁间的史事，遭到免职。于是从系列记游的文字中，我们可以发现吴均的心灵，始终是背对人世喧扰而面向自然天真的。

自然山水之趣，总是为古代文人带来最有效的心理治疗。

"风烟俱净，天山共色"一句，先让我们看见了远景，有一种天宽地阔之感。从景致落笔，暗示心胸疏朗恢弘，如此才能够将自己安置在山水之间，静静享受无限美好的风光。"从流飘荡，任意东西。"则显现了态度：洒脱顺随，忘掉种种刻意的追求。

整篇文章省略了主词"我"，"我"在自然中获得了释放、解脱，不由自主的飘荡状态原来也可以这样美好。这个"我"，不需要计较与安排，没有说从哪里来，也没有说要到哪里去，只是随着流水漫游在富春江上。主词"我"的省略，并不是其中无我，而是将"自我的存在"置放在无须言语形容的状态中。

我们大约知道，就是从富阳到桐庐之间的一百多里之间，有妙绝天下的山水景色。作者采取移动的视点，描绘眼前所见的一切。船走到哪儿，眼光便停留在哪儿。这状态很像《庄子》书中所说的不系之舟：

"巧者劳而知者忧，无能者无所求，饱食而敖游，泛若不系之舟，虚而敖游者也。"

这段话的意思是：巧慧的人大多活得非常劳累，聪明人因思虑太多往往忧愁自苦。无能者反倒因为无所求，吃饱了便逍遥遨游，像是一艘不受绳索牵系的空船，在水上浮泛，自在地来去。心境要"虚"，忘外与忘我其实是一体两面。无所求的人才能遨游于天地之间，获得真实的存在感。

透过描写景象，吴均似乎是在告诉我们，要把执着放下，才可能投入自然的怀抱，领略美的趣味，领略什么是无所为而为。没有目的，才更合乎美的目的。

结构由宏观到细节，先总括后分述，条理清晰

《与宋元思书》这篇作品看似漫不经心，只随着感官体

验信手记下。然而其中有极严整的章法结构，暗藏极高明的描写技巧。结构上由宏观到细节，富有层次感。先总括后分述，条理清晰之余，又能灵活调换场景，将读者带进一片好山好水之间。

以奇山异水为描写核心，吴均此文构思非常严谨，巧妙地布置合写与分写的次序。先以"奇山异水，天下独绝"作为全文纲领，粗略概括，大处着眼，渲染如画之江山。再进一步从细节处着笔，分写了水与山的风光胜绝。"绿、深、清、急"的水，"高、险、奇、密"的山与树，层迭布置如许，动静交错，虚实相生。

水色缥碧，一片静好。水质清澈，千丈见底。江里的游鱼细石，一般是看不分明的。吴均笔下的江水澄澈干净，竟可以"直视无碍"。江水毫无杂质、通透晶莹，或许也暗示了某种心灵境界。江水的明净可爱，心灵的淡泊宁静，应该是互为表里的。接着笔锋一转，静态画面立刻过渡到动态。原来富春江也有急流险滩，气势浩荡奔腾。"急湍甚箭，猛浪若奔"一句，除了写出壮美，也带出了时间感。船行江上，水景的变换跟时间、速度密切相关。动静之间的变化，姿彩横生，竟不觉流年暗中偷换。

接下来写山势高奇："夹岸高山，皆生寒树，负势竞上，互相轩邈，争高直指，千百成峰。”一般人写山势，往往着眼于宁定不动的特质，写出来也就了无新意，不是崇高就是稳重。吴均巧思所致，竟可以化静为动，赋予群峰强烈的生命力。这些山峰似乎是在竞相争高，呈现一种活泼的态度。寒树指的是高海拔的针叶林，透露了山色之苍翠，也呼应了水色的青碧，色彩的调配相当到位。这个小段落里，分别描摹山水之奇异，偏重于视觉感受，确实写得极有画面感。吴均眼前所见的一切，落笔的时候一定经过选择与安排，否则无法如此错落有致。

骈体文四六成句，讲究工整，追求声音与意义的谐美。呼吸与心跳是人体的两大韵律节奏，讲话、行文时的高低抑扬、轻重缓急，其规律与变化或许和呼吸心跳有关。吴均在行文时用了四六对偶的句子，呼应了山水之间的种种声音。

他写了视觉经验之后，再写听觉经验：“泉水激石，泠泠作响；好鸟相鸣，嘤嘤成韵。蝉则千转不穷，猿则百叫无绝。”泉水声、鸟鸣声、蝉噪声、猿叫声，声声入耳。这些声音旋律起伏不同，声调变化各异。吴均把它们收纳到四字句与六字句中，让它们在语言形式的框架下各安其分，对位，交响，进入到更大的规律之中。骈文声音形式之美，与自然天籁韵律之美，可以说是相映成趣了。

▶以古观今

书写要有创作者的观点，才能深刻动人

在高明的写作者笔下，风景不能只是风景。眼睛看见的、耳朵听到的，若只是翔实记录，势必无法动人。摄影家杉本博司说："相机虽然能够记录，但没有记忆。"我对这句话的理解是，人类有思想、有情感、有记忆，相机必须在有回忆的人手上才能创造出美与感动。书写表达就像拍照一样，一定要有创作者的观点，才可能做到深刻动人，达成最美好的沟通。

吴均次第描写景象与声音，文句充满华彩。然而更重要的是，他如何交代自我的感觉、自我的想法。"鸢飞戾天者，望峰息心；经纶世务者，窥谷忘返。"这就是吴均的见解与判断。文中的"我"，显然不同于"鸢飞戾天者""经纶世务者"。吴均保持了高度，用这么抽离的方式来写。表面是客观的推断，说追求利禄、俗事缠身的人到此也能息心忘返。事实上，吴均已经来到这里，徜徉在山水之间了。

这明明是在说理，读来却丝毫不觉得生硬枯燥。原因就在于，吴均具备了高超的描写能力。透过描写，他卸下了读者的心防，引领读者体验他所要论述的人生境界。更高明的是，呈现了思考观点之后，又回归到描写："横柯上蔽，在昼犹昏，疏条交映，有时见日。"这几句话，既是对前文的补充，也是收束文章的妙笔。

"横柯""疏条"接续了前文的寒树，补写了江水两岸高之崇峻，也再度渲染"息心忘返"的意识。以此作结，达到情景合一的境界。"我"就在风景中，也已经物我两忘了。

人格的彰显，精神的流动

——《严先生祠堂记》 宋·范仲淹

▶忠直敢言的范仲淹

范仲淹（989—1052年），字希文，苏州吴县（今江苏苏州市）人。范仲淹两岁丧父，母亲再嫁朱氏，仲淹从其姓，名说。长大之后知道自己的身世，便辞别母亲到应天府苦读。宋真宗大中祥符八年（1015年）中进士，迎回母亲奉养，恢复本姓，改名为仲淹。他为人忠直敢言，因讥刺宰相吕夷简不能选贤任能，被贬饶州（今江西鄱阳）。西夏赵元昊起兵侵犯之际，范仲淹以龙图阁直学士经略陕西，巩固西北边防。

仁宗庆历三年（1043年），范仲淹回朝担任枢密副使、参知政事，提出政治改革方案，后人称之为"庆历新政"。这些政治革新方案遭到保守势力反对，范仲淹被迫罢相，新政终告失败。范仲淹的毕生成就主要还是在政治军事方面，然而他的文学成就也极有特色。他主张兴复古道，拯救衰弱的文风，有助于政治教化。反对西昆派，反对骈体文，主张作用质朴的、有实际社会内容的作品来矫正文弊。他多半的文章都涉及政治，最有名的篇章《岳阳楼记》，讲的就是"先天下之忧而忧，后天下之乐而乐"，一种知识分子的使命感。

▶ **严先生祠堂记**

先生，汉光武之故人也，相尚①以道。及帝握《赤符》，乘六龙②，得圣人之时，臣妾亿兆③，天下孰加④焉？惟先生以节高之。既而动星象⑤，归江湖，得圣人之清。泥涂轩冕⑥，天下孰加焉？惟光武以礼下之。

在《蛊》之上九⑦，众方有为，而独"不事王侯，高尚其

---

① 尚：尊重、推崇。

② 握《赤符》，乘六龙：《赤符》为《赤伏符》之简称，上有谶文，大意是预示刘秀起兵即可中兴汉室，刘秀以为天降祥瑞，于是接受群臣请即即皇帝位。乘六龙，语出《易经》乾卦象辞："时乘六龙以御天。"指的是登上天子之位。

③ 臣妾亿兆：统治亿兆臣民。

④ 加：超过。

⑤ 动星象：典出自《后汉书》。光武帝与严子陵共寝同卧，严光把脚伸到光武帝的肚腹上。隔天，太史观察星象后奏称："客星犯御座甚急。"光武帝笑着说："是我和老友子陵共卧罢了。"

⑥ 泥涂轩冕：比喻视轩冕如泥涂。泥涂，比喻污浊之物；轩冕，古代卿大夫的车服，比喻显贵者的车服。

⑦ 《蛊》之上九：《易经》中《蛊》卦的第六爻（最上爻）为阳爻，故称上九。下文中"不事王侯，高尚其事"便是此爻爻辞。

事"，先生以之①。在《屯》之初九②，阳德方亨③，而能"以贵下贱，大得民也"，光武以之。盖先生之心，出乎日月之上；光武之量④，包乎天地之外。微⑤先生，不能成光武之大，微光武，岂能遂⑥先生之高哉？而使贪夫廉，懦夫立，是大有功于名教⑦也。

仲淹来守是邦⑧，始构堂而奠⑨焉，乃复⑩为其后⑪者四家，以奉祠事。又从而歌曰："云山苍苍，江水泱泱，先生之风，山高水长。"

▶ 语译

严先生是汉光武帝的老朋友，他们之间以道义互相推

----

① 先生"以"之：有。
② 《屯》之初九：《易经》中《屯》卦的第一爻（初爻）为阳爻，故称初九。"以贵下贱，大得民也"便是此爻象辞。
③ 阳德方亨：阳德指帝王之德。亨，通达、旺盛。
④ 量：度量。
⑤ 微：没有。
⑥ 遂：成就。
⑦ 名教：名分教化。
⑧ 守是邦：担任睦州州长官。睦州管辖范围为今之浙江桐庐、建德、淳安三县，宋徽宗时改为严州。
⑨ 奠：祭祀。
⑩ 复：免除赋税或劳役。
⑪ 后：后裔，后代子孙。

崇。等到后来光武帝接受儒生所献的《赤符》，一如乘驾六龙，获得了即位称帝的时机。他统治万民，天下有谁能超过他的尊贵呢？只有严光先生能够凭着气节高尚超过他。后来先生与光武帝同卧而触动天上的星象，回到山林，归隐江湖，达到了圣人清高的境界。先生视官爵为泥土，不追求名利富贵，天下又有谁能比得上？只有光武帝能够以礼节来对待他。

《蛊》卦的上九爻爻辞显示：正当众人都有所作为之时，只有他"不事奉王侯，保持自己高尚的志节"。先生就有这样的情操。《屯》卦的初九爻象辞上说，阳气亨通，帝德正旺的时候，却能够"以高贵的身份交结地位卑微的人，这是深得民心的"。光武帝正有这种气量。可以说先生的心地光明，高过于日月；光武帝的气量，包盖到天地之外。没有严先生，无法成就光武帝的宏大；不是光武帝，又怎能成就先生的高洁呢？严先生的作为能使贪婪的人清廉、胆怯的人勇敢，这对维护教化确实是很有功劳的。

我到睦州任职后，才开始建造祠堂祭奠严先生。又免除了先生四家后裔的赋税劳役，让他们来负责祭祀之事。又作了一首歌来纪念严先生："云山苍苍，江水泱泱，先生之风，山高水长。"

▶我读我思

记体散文的基本要求：叙述翔实、条理清晰

这篇《严先生祠堂记》是典型的"歌功颂德"之作，却能别出心裁，超越了典型。一般而言，歌功颂德常流于制式，因为刻意夸大而显得做作。宋朝的范仲淹缅怀东汉的严光，时间的距离让他下笔从容。因为写这篇文章，不是要讨好谁或想得到什么好处。他只是说出了自己的心声，表达最真挚的赞赏。当他歌颂严光的品格、光武帝的气量，或许心中想的是现实里的匮缺。

篇名中点出了，这是为严先生祠堂而写的记体散文。记体散文的基本要求是叙述翔实、条理清晰，从而带出深刻的意涵与韵味。范仲淹写作毫不啰唆，开篇便指出严先生与东汉光武帝的特殊关系。也因为这一层关系，构成全文发展的主要脉络。

隐逸的典范：严光

严先生就是严光，本姓庄，名光，字子陵，因避汉明帝刘庄之讳而改为严，西汉末余姚人。少年时即博学多才，与刘秀是同学。西汉末年朝廷腐败，王莽篡位，赤眉、绿林纷纷起

义。刘秀组织民间势力，先后征服各路人马，于公元25年统一天下，在洛阳称帝，建立东汉王朝。光武帝即位后，严子陵改名换姓，隐居不出。光武帝派人寻访，召他入京，但都被断然回绝。光武帝只好亲自拜访邀请，谁知严光竟躺在床上假装睡觉。光武帝走近，摸着他的肚子说："你这怪人，难道不肯帮助我治理天下吗？"他忽然坐起，回答说："从前像尧帝那样有才德，也有巢父那样的隐士不愿做官。"

光武帝后来还是把他请到了洛阳，有一天在宫中促膝长谈，向他请教治国之道。谈到夜深，光武帝便留他同床共卧。严子陵睡到半夜，把一条腿伸到皇帝身上。隔天，观察星象的太史前来禀告："客星犯御座甚急。"光武帝笑着说："哪是什么客星冲犯帝座，是朕与好友严子陵同床共卧，他的一条腿放到了朕身上。" 光武帝希望子陵担任谏议大夫，但还是被他婉拒。

严子陵最后回到了富春山隐居，在富春江边种田、钓鱼。他钓鱼的地方后人称之为"子陵滩""严子陵钓台"，遗迹至今犹在。严子陵远离了政治的纷扰，远离了富贵显达的诱惑，在此终老，享年八十。他的故事流传下来，成为视富贵如浮云的典范。范仲淹来到睦州，出于仰慕，为他建造祠堂，写就这一篇《严先生祠堂记》。

以简驭繁，善用典故熟语；对举并列，充满映衬和谐之美

严子陵来到富春，是自我选择、自我安顿。范仲淹来到这里，却是不得不然。睦州山川秀丽，适合避世归隐。一个以天下为己任的知识分子来到此处，未免要觉得有志难伸。文章的第一段，范仲淹把严光与汉光武帝的故事包括在自己的议论中。他没有长篇累牍的重述，是因为这个故事在当地已经耳熟能详，无须赘言。他分别挪借孟子"圣之时者""圣之清者"的概念，来称赞光武帝与严光，可说是以简驭繁，这也是善用典故熟语的最佳示范。重复两次的"天下孰加焉？"，更显示出这对明主高士的绝无仅有、世所罕见。

第二段中，范仲淹巧妙引用《易经》，简单扼要，简洁有力。透过引用经典，归纳了光武帝与严光的美德。范仲淹最主要的学术成就在于研究《易经》，信手拈来，确实相当自然。接着提出自己的观点：光武帝与严子陵拥有世上最美好的遇合，可说是相得益彰。

这两段文字中，光武与严光往往对举并列，充满映衬和谐之美。到了末尾，终于归结出严先生"大有功于名教"。这就是吴楚材说的："两两相形，竟作一篇对偶文字，至末乃归到先生。"最后一段交代建造祠堂之始末，并以庄重典雅的四

言诗歌加强推崇仰慕之情，形成一股无穷的余韵。难怪谢枋得《文章轨范》称许这种笔法："字少意多，义简理详。"

▶以古观今

文章要写得精彩，必须先具备良好的精神流动

严子陵的高风亮节或许让范仲淹联想到自己，对光武帝的礼赞或许是出自对当时朝廷的期望。有学者认为，范氏此篇是假借严子陵、光武帝之事，呼吁当时读书人要有风骨气节，也暗示宋仁宗应该具有宽阔的胸襟气度。所以这篇文章，可以看成是时政论文。被贬官的范仲淹，在歌功颂德的文字里，其实暗藏了自我的期许，以及对国君的忠心劝谏。所以构堂奠祭，不只是表彰严光，更是对光武帝"以贵下贱"这种深得民心之举的崇敬。

元代的黄公望（1269—1354年），与范仲淹一样精通《易经》。老迈的他来到这方山水之间，历时三、四年，画出了《富春山居图》长卷。这是元代文人画的巅峰之作，其中也反映了黄公望的哲学思考。他的山水布置如许，确实是"云山苍苍，江水泱泱"。然而，同样是看到了山高水长，我们还是可以辨别，黄公望与范仲淹在生命情调上的差异。

郁达夫来到这里，写下了游记《钓台的春昼》（1932年），

卷二

描述风景的殊胜：江山秀而且静、风景整而不散。并且提出自己的意见："真也难怪得严子陵，难怪得戴征士，倘使我若能在这样的地方结屋读书，颐养天年，那还要什么的高官厚禄，还要什么的浮名虚誉哩？"这段文字呈现的，则别有一番趣味了。

谷崎润一郎在《文章读本》里说："自古以来，就说文章是人格的表现，不过不仅是人格，其实甚至也可以说那个人的体质、生理状态之类的东西，都会自然流露在字里行间，而且表现出来，就是调子。那么，文章的调子，可以说是这个人的精神流动，血管节奏，尤其和体质一定有相当密切的关系。"或许我们可以依此推论，一篇文章要写得精彩，必须先具备良好的精神流动。

无与伦比的美丽

——《三峡》 北魏·郦道元

▶游记散文的开创者郦道元

郦道元（约470—527年），字善长，北魏范阳（今河北涿州）人。他自幼好学，博览群书，爱好游历，拥有丰富的地理实察经验。他参考大量文献，引用四百三十七种书籍，在《水经》（旧题为汉代桑钦所撰，据考证应为三国人所写）的基础上，完成了《水经注》这部地理专书。

▶三峡

自三峡①七百里中，两岸连山，略无阙处②。重岩叠嶂，隐

---

① 三峡：指瞿塘峡、巫峡、西陵峡。
② 略无：毫无。阙：缺。

天蔽日。自非亭午夜分①，不见曦②月。

至于夏水襄③陵，沿溯④阻绝。或王命急宣⑤，有时朝发白帝⑥，暮到江陵⑦，其间千二百里，虽乘奔御风，不以疾也。

春冬之时，则素湍⑧绿潭，回清倒影。绝巘⑨多生怪柏，悬泉瀑布，飞漱其间，清荣峻茂，良⑩多趣味。

每至晴初霜旦⑪，林寒涧肃，常有高猿长啸，属引凄异⑫，空谷传响，哀转久绝。故渔者歌曰："巴东⑬三峡巫峡长，猿鸣三声泪沾裳。"

▶语译

在三峡七百里的路程中，两岸山连着山，几乎没有半点

---

① 自非：若非。亭午夜分：亭午，正午。夜分，半夜。
② 曦：阳光。
③ 襄：上。
④ 沿溯：顺流而下曰沿，逆流而上为溯。
⑤ 或王命急宣：或，有时。王命急宣，皇帝命令紧急传达。
⑥ 白帝：白帝城，在今四川奉节东边山上。
⑦ 江陵：今湖北江陵。
⑧ 湍：急流的水。
⑨ 巘：yǎn，山峰。
⑩ 良：实在。
⑪ 霜旦：清晨结霜。旦，清晨。
⑫ 属引凄异：连接不断，异常凄厉。
⑬ 巴东：郡名，今四川东部云阳、奉节、巫山一带。

空隙。层层叠叠的山岩峰峦遮蔽天空，挡住日光。假如不是正午和半夜，就看不到阳光和月亮。

到了夏季，大水漫上两岸丘陵，上行、下行的水路全都阻断了。有时皇帝命令必须火速传达，早上从白帝城出发，傍晚便到江陵，这中间约有一千二百里路程。即使乘上飞奔的骏马，驾驭长风，也没有这般迅速。

春冬季节，白色的急流回旋着清波，碧绿的深潭倒映出山色。陡峭的山峰上，生长着许多奇特的柏树，泉流瀑布，在这之间飞射冲激。江水清澈，树木荣盛，山峰高峻，碧草繁茂，实在充满许多情趣。

每到雨后放晴或清晨结霜，树林山涧之间一片寒凉肃静，常有猿猴在高处放声长叫，声音连接不断，异常凄厉，在空旷的山谷中传来回声，悲哀婉转，久久才消失。所以渔人这么唱着："巴东三峡巫峡长，猿鸣三声泪沾裳。"

▶水经注

《水经》里所记载的水道有一百三十七条，每条水道各成一篇（今存一百二十三篇），约一万多字。郦道元或亲临考察，或引证数据，记录一千二百多条水道的源流经历，总计三十多万字，四十卷，《四库全书》收在史部地理类中。其特色是文笔隽永，描写生动。不仅保留了当时的史地数据，记载了风土民情，同时也是一部华美的山水散文。郦道元可说是游记散文的开创者，对后代游记散文影响非常大。

▶ 我读我思

这篇《三峡》节选自《水经注·江水》，展现了三峡的风光。郦道元用漂亮的语气、字句，写出江水奔腾，群山奇峻，以及三峡四季的景物变化。短短一百五十五字，却可以渲染出七百多里的山川气势，的确是笔力不凡。将大山大水凝缩在简洁的描述中，结构毫不散乱，细节应有尽有，这是郦道元最擅长的写作手法。

长江三峡

长江三峡是瞿塘峡、巫峡和西陵峡的合称，西起四川省奉节县白帝城，东至湖北省宜昌县南津关，长一百九十三公里。滩峡相间，由地盘上升河流深切而成。在长江上游，两岸处处是悬崖绝壁，江流湍急，形成丰富的水力资源。

为了防洪、发电、航运等目的，2002年底完成了世界上目前最大的水利枢纽工程：长江三峡水利枢纽截流工程。2003年底，三峡工程二次蓄水，三峡坝前水位提高，某些景物因此永远沉入水底。

自古以来，歌咏三峡的文学作品不断累积，提供许多想象空间。三峡大坝完工之后，地景产生变异，古迹长沉水底，让人感到遗憾痛惜。然而，透过文字留存下来的种种痕迹，却未曾减损过自身的美丽。

关于三峡，唐代的李白写下《早发白帝城》："朝辞白帝彩云间，千里江陵一日还。两岸猿声啼不住，轻舟已过万重山。"宋代的陆游写下《三峡歌》："十二巫山见九峰，船头彩翠满秋空。朝云暮雨浑虚语，一夜猿啼月明中。"还有更多更多不同时代的诗文，为我们留下了珍贵的经验与记忆。

北魏的郦道元这篇《三峡》是《水经》的一段注，所以不能不归本于"水"。题旨方面已经被限定了，必须扣紧着江水来描摹景象变化，概括呈现三峡七百里的风光。用一百多字来概括三峡七百里，是一项高难度的挑战。而郦道元在文章布局上巧思不断，让小小的篇幅可以包罗万象。在短短的阅读时间里，我们历经了四季的变换，仿佛看尽了三峡的美景。

"铺垫"写法，让文气有起伏、有曲折，有悬宕的想象

在结构布局的安排上，郦道元先写总体再分述细节。

"自三峡七百里中"明确点出范围，接着掌握三峡的整体风貌，在第一个段落中极力描摹山势的高耸、层叠、连绵。按理来说，这篇文字既是"江水注"中的一则，应该要以写水为主的。可是作者却以两岸山势七百里来开篇，究竟是为了什么？为什么要凸显山势的高耸陡峭、连绵不断？为什么不直接写水的湍流盛壮？

我们或许可以把这种写法叫做"铺垫"。第一段写山之高绝，隐而未说的其实是水的下切力量才造成这种地貌。水的急流回旋，山的险峻，本来就是一体的两面。写山的时候，同时也暗示了水。三峡的水之所以异于其他地方的水，是因为此处有高山奇峡。若是在平原缓丘，不可能出现这种水深流急的现象。

再者，两山夹水之处，称之为峡。要写峡就不能不写山，先以"两岸连山，略无阙处"写出山的长与多。接着，"重岩叠嶂，隐天蔽日"写山的陡峭、高峻。再用"自非亭午夜分，不见曦月"点出了高山占据天空，江面的狭窄。这里字字句句写山，正可为下一段的水势来铺垫。这种写法，让文气有起伏、有曲折，也产生了悬宕的想象。

灵活捕捉水势最盛最高的季节样貌

第二段里，我们或许会以为作者会分述四季递嬗景色变化，依照春夏秋冬的次序来呈现。他没有这样中规中矩地安排，而是灵活地捕捉到水势最盛最高的季节样貌。

"至于夏水襄陵，沿溯阻绝"中可以感受到，浩荡江水漫上山陵，航道皆被阻绝。"有时朝发白帝，暮到江陵，其间千二百里，虽乘奔御风，不以疾也。"则极力刻画水流之疾（急）。白帝城到江陵的迢遥水路，早晨出发竟然傍晚即可到达。上一段的山势，全以静态着墨。到了这一段，夏水暴涨，动态感十足。映衬对比之下，创造了反差强烈的节奏感。

江水一年四季有涨有落，这是自然的规律与节奏。郦道元先写夏季最丰沛的水势，绝对不是思绪错乱，而是经过设计的。

统合时空，多角度描述景色

写完夏季再写秋、冬、春，这是理所当然。可是作者在这里一反常例，先写春、冬之景。春冬两季，水势景观相似，可以俯瞰波浪之动静："素湍绿潭，回清倒影。"这也从上一段水流的迅猛中，转折过渡到安静秀美的样态。向上仰望，则是"绝𪩘多生怪柏，悬泉瀑布，飞漱其间。"空间的安排，亦可说是层次井然。

第三段里，郦道元统合了时空，多角度地描述景色。他纷然设置景物，让这些事物各就各位，交织出景致的和谐。此外，他也试图追求声音韵律的和谐。这里以四字句、六字句行文，错落有致。句中平仄抑扬，规律中又有变化之美。"素湍绿潭，回清倒影"，色彩鲜活，几乎可以说是长江画境的具体呈现。清、荣、峻、茂四个形容词，没有直接点明所要描写的事物，却概括了三峡的特色。省略了主词，我们还是可以拼凑出这样的图像——江水清澈，树木荣华，群山峻峭，碧草繁茂。在静态中，不是一片死寂，而是别有生机。

让静态与动态相扣接，节奏一张一弛

文章收束的最后一段里，点染秋光之萧条，藉由"寒""肃""凄""哀"这样的形容词，改变行文的情调，节奏气氛与前文大有不同。山水间四时的荣枯，有了完整的交代之后，最后用"高猿长啸""渔人之歌"来相互呼应。三峡猿猴的叫声，本是自然而然。可是在人类听来，却是"属引凄异，空谷传响，哀转久绝"，赋予了情感的投射。

这最后一层写三峡秋色，和之前的气氛截然不同。晴初霜旦之时，暗示了人迹的杳远。在寒肃之中，用当地流行的渔歌作结，透露了人类的活动情形。"巴东三峡巫峡长，猿鸣三声泪沾裳。"而人类航行其间为什么会泪湿衣裳，则在渔歌中留白，提供我们无尽的想象了。

要用一百五十多字写尽三峡风光、四时景物，确实是非常困难的事。郦道元依次铺写七百里山势、夏水迅猛、春冬美景、秋日肃杀，当然是匠心独运。他描写时往往让静态与动态相扣接，节奏一张一弛。铺垫之后，一定安排照应。看似零散错落，实则浑融一体不可分割。于是山水不只是山水，而是因为人类的活动、人类的参与，才变得有生命感的山水。

▶ 以古观今

从描绘山水体会心灵之美

郦道元的写景功力不凡，语言简洁、文字漂亮，在文学史上一直被推崇为山水游记的宗师。这一篇文章，也是最为人传诵的。他的描写能力，让我们透过文章体会到，一个人处于世界中，某些直接而特别的经验。一个对世界没有感觉的人，想要说服他人对世界有感觉，这是不可能的事。当我们体会这个世界的触角越来越虚弱，怎么可能普遍而深刻地理解人与世界的关系呢？

透过感官，我们要寻找的，是最初的感动。"目遇之而成色，耳得之而为声"，感官知觉开启了我们对世界的各种认识。描写山水的时候，我们往往也暗示了对美的判断，或许含藏了心灵中那份无与伦比的美丽。

书写回忆的艺术

——《西湖七月半（节选）》　明·张岱

▶晚明小品的集大成者张岱

张岱（1597—1679年），字宗子，又字石公，号陶庵，浙江山阴（今绍兴）人，客居杭州。他出身于官宦之家，早年生活富裕奢豪，自称为纨绔子弟。明朝灭亡后避居山中写作，著有《琅嬛文集》《陶庵梦忆》等书。

他的散文小品以回忆往事为主，文字清丽隽永，可以说是晚明小品的集大成者。《陶庵梦忆》最可看出他的文学成就，其中有精彩的生活经历、丰富的思想情感，以及国破家亡的悲哀、繁华转眼成空的慨叹。《陶庵梦忆》的序文写道："繁华靡丽，过眼皆空，五十年来，总成一梦。"在苍凉的时代背景里，他用文字刻画了人生中的种种美好——因为珍惜而不想丢失的一切记忆。

▶西湖七月半（节选）

西湖七月半，一无可看，止可看看七月半之人。

……（中略）

杭人游湖，巳出酉归①，避月如仇。是夕好名，逐队争出，多犒门军酒钱，轿夫擎燎②，列俟③岸上。一入舟，速舟子④急放断桥，赶入胜会。以故二鼓⑤以前，人声鼓吹，如沸如撼⑥，如魇如呓⑦，如聋如哑。大船小船一齐凑岸，一无所见，止见篙击篙，舟触舟，肩摩肩，面看面而已。少刻兴尽，官府席散，皂隶⑧喝道⑨去。轿夫叫船上人，怖以关门⑩，灯笼火把如列星，一一簇拥而去。岸上人亦逐队赶门，渐稀渐薄，顷刻散尽矣。

---

① 巳出酉归：巳时出城，酉时返回。巳时，上午九点至十一点。酉时，下午五点至七点。

② 擎燎：举着火把。

③ 列俟：列队等候。俟，sì，等待。

④ 速舟子：催促船夫。

⑤ 二鼓：即二更，约晚上九点到十一点。

⑥ 如沸如撼：如水沸声，如震撼声。

⑦ 如魇如呓：好像人在梦中惊叫和说梦话。魇，yǎn，梦里惊叫。呓，说梦话。

⑧ 皂隶：衙役。

⑨ 喝道：古代官员出行，前面有差役喝令行人让路。

⑩ 怖以关门：以关城门来恐吓游人，使其早归。怖，恐吓。

　　吾辈始舣舟①近岸。断桥石磴②始凉，席③其上，呼客纵饮。此时月如镜新磨，山复整妆，湖复颒面④，向之浅斟低唱者出，匿影树下者亦出，吾辈往通声气，拉与同坐。韵友⑤来，名妓至，杯箸安，竹肉发⑥。月色苍凉，东方将白，客方散去。吾辈纵舟，酣睡于十里荷花之中，香气拍人，清梦甚惬⑦。

▶语译

　　七月半的西湖，实在没什么好看的，只可看看那些游湖的人。

　　……

　　杭州人游西湖，大约在巳时出城酉时回城（午前出发，入夜回城），好像仇人似的避着月亮。七月十五（农历）这晚，却附庸风雅，贪求赏月的美名，成群结队争相出城。他们犒赏门军酒钱，让轿夫举着火把排在岸上等候。游人一上船，就催促船夫直驶断桥，好赶上盛会。因此，二更以前，西

---

① 舣舟：摆船靠岸。舣，yǐ，停船靠岸。
② 石磴：石阶。磴，dèng。
③ 席：摆设酒席。
④ 颒面：洗脸。指湖面光洁。颒，huì，洗脸。
⑤ 韵友：风雅的朋友。
⑥ 竹肉发：箫管与歌唱声相互谐和。竹，指管乐器。肉，指歌喉。
⑦ 惬：畅快，适意。

湖的人声、乐声，如沸腾，如撼动，如惊魇，如梦语，如聋哑人乱嚷乱叫，大船小船一起靠岸，什么景致都看不见，只见船篙击打船篙，船碰船，人群肩擦肩，脸对脸，如此而已。不多久，游兴已尽，官府赏月的筵席散了，差役吆喝着开道离开。轿夫开始叫人上船上岸，恐吓说城门就要关了，灯笼火把像星光依序排列，人们一一簇拥离去。岸上的人也列队赶在关城门前回去，湖上人群渐少，一下子就散光了。

这时我们才拢船靠岸。断桥上的石阶才刚变凉，我们在上面铺席子，招呼客人一起纵情饮酒。此刻，月亮像刚磨好的铜镜，山峦重新梳妆，湖光重新洗面，先前那些浅斟低唱的人出现了，藏在树影下的人也出来了。我们去打招呼，拉着同坐。风雅的朋友与名妓都来了，酒杯碗筷也安置好了，奏乐声、歌唱声一齐传出。直到月色苍凉，东方即将发白，客人才散去。我们任由小船漂流，酣睡在十里荷花之中，香气扑人，做了一个非常惬意的梦。

▶ **我读我思**

中元夜游西湖的五种人

《西湖七月半》收录在《陶庵梦忆》中，是一篇极为简洁的游记小品，里面记录了明代杭州人七月半游西湖的风俗。那些中元夜游湖的人，张岱分为五类看待：

其一，楼船箫鼓，峨冠盛筵，灯火优傒，声光相乱，名为看月而实不见月者，看之；其一，亦船亦楼，名娃闺秀，携及童娈，笑啼杂之，环坐露台，左右盼望，身在月下而实不看月者，看之；其一，亦船亦声歌，名妓闲僧，浅斟低唱，弱管轻丝，竹肉相发，亦在月下，亦看月，而欲人看其看月者，看之；其一，不舟不车，不衫不帻，酒醉饭饱，呼群三五，跻入人丛，昭庆、断桥，嘄呼嘈杂，装假醉，唱无腔曲，月亦看，看月者亦看，不看月者亦看，而实无一看者，看之；其一，小船轻幌，净几暖炉，茶铛旋煮，素瓷静递，好友佳人，邀月同坐，或匿影树下，或逃嚣里湖，看月而人不见其看月之态，亦不作意看月者，看之。

上面这段话的意思是说：第一类人，乘坐大楼船，带着箫鼓，有歌妓奴仆陪侍在旁，说是在看月亮但实际上不是在看月亮。第二类人也坐着楼船，旁边是名媛、大家闺秀、俊美的男童，人在月下而实际上却不看月。第三类人也坐着船，一样有歌声乐声相伴，身边则有名妓和僧人，看月时也希望别人看他们赏月。第四类人，不坐船也不乘车，在喝酒吃饭后，与三五朋友挤入人群，在昭庆寺与断桥那儿高声呼叫，唱的歌不成曲调，月亮也是看的，赏月的人也看，不赏月的人也看，而实际上没有一个人在看。第五类人，乘着有细薄帷幔的小船，与好友美人邀请月亮同坐。他们有时藏影于树下，有时躲在里湖逃避喧嚣，赏月时别人看不见他们赏月的情态，他们也不太在意那些看月的人。

起笔精简，暗藏雅俗之辨

张岱说，这些不同的人，不妨都看看吧。

农历七月半是中元节，根据杭州习俗，居民常夜游赏月。所以西湖在这个时候变得格外喧嚣拥挤、乌烟瘴气。张岱劈头便写下自己的美学观点："西湖七月半一无可看，止可看看七月半之人。"说是止可看看，意思却是看了之后一定会难过。原来美好的风景，往往因为游人喧扰而显得低俗了。从反面揭开题旨，可看与不可看之间，于是有了想象的余地。张岱选择独特的视角抒发感受，起笔两句至为精简，且不落俗套，并由此引出西湖月夜之热闹，暗藏雅俗之辨，拉开了回忆的序幕。

庸俗令人难耐，丑陋让人不舒服。张岱归纳出游人的类型，用身份地位来看，他们分别是：达官贵人、名娃闺秀、妓女和尚、市井无赖和文人雅士。他叙述这五类人的格调，描述这些人的举止表情，灵活生动，也表达了好恶。这五种人严格来说，可概括为两类。前四种人都是沽名钓誉、借名作态之徒，最后一种才是真情流露、能够体会天地之美的雅客。后一种人，或许就是张岱引以为同类的吧。这一段文字，以议论为主，毫不虚伪地说出自己的价值观。

他的品评判断，就聚焦在"看人"这件事上。连用了几次"其一……""看之"的叙述结构，其实就是观看角度的表明，就是立场的确定。这样除了便于分类描述，也让文气得以连贯。张岱的行文策略是，先描述这些人的样貌行为，再说明这五类人看月的态度，颇能概括游人的诸多面向。卞之琳《断章》这首小诗或许也提供了类似的观看趣味："你站在桥上看风景，／看风景的人在楼上看你。／明月装饰了你的窗子，／你装饰了别人的梦。"

观察风俗民情，超越世俗审美情趣

杭州人中元夜游西湖，大都是追流行、凑热闹，往往称不上格调与品味。正因如此，张岱文章最后回到自己的情绪，那种人散之后的情景，才能真正显现西湖月色之美。也唯有在清幽静谧之中，才能看见自己的品味与优雅。

当时一般人游西湖都选择白天，从午前玩到傍晚。依照中国人的传统，中秋赏月才是常例。张岱写七月半赏月，有一种异军突起之感。七月半是鬼节，这时要祭拜祖先，超渡孤魂野鬼。杭州西湖寺院林立，这时举行盂兰盆会，信徒络绎不绝，乃是理所当然。杭州人趁这时节去西湖夜游，也就不奇怪了。

张岱不写中秋赏月，却写中元鬼节，或许也是在独抒性灵。情有独钟于夜阑人散的西湖，这就展现了作家的个性，一种不与世俗同调的孤高。这也是他立意取材最高妙之处，既观察了风俗民情，也多了一份超越世俗的审美情趣。

俗和雅、浓烈喧嚣与淡淡幽情，呈现鲜明对照

不过，若无俗世繁华，又怎能衬托出潇洒与高雅？张岱对俗人俗事冷眼旁观，甚至带点鄙夷不屑，却在细节上不厌其烦地交代了庶民生活之大观。这是他经历过的时代气氛，一种未经战乱流离的悠闲背景。彼时家国仍在，市井小民追求着世俗的幸福。附庸风雅之人，日暮时成群出城游赏。这些人大多有钱也有闲，于是西湖此夜嘈杂喧嚣，舟船往来，游人如织。

张岱用尽各种方式描写此间的声色刺激，记录湖上繁华的时候，同时也保留了社会的现象。即便喧闹中，听不到别

人说话，别人也听不到自己说话。大船小舟挤成一团，只有船碰船，桨撞桨。人们肩膀与肩膀摩擦，脸和脸相对。这真是热闹极了吧。但这浮华喧闹是暂时的，一切一切，很快就要消散。

真正有品味的人，要在人群散去后才移舟靠岸，呼客纵饮。

张岱这时才大笔勾勒月色与湖光，讲出月夜的情趣。月亮被磨亮了，群山整饬了装扮，湖水洗净了脸面。懂得闹中取静的人终于现身，张岱一伙人前去和他们打招呼，同席而坐。等客人散去，张岱这些人就在十里荷花间安睡，梦中也许还有花香。明月照临，青山碧水，荷花送香，一切是那么美好。这就是张岱所以为的，生活中最棒的享受吧。

短短篇幅中，俗和雅、浓烈喧嚣与淡淡幽情，呈现鲜明的对照。而张岱写作此文时，繁华都已成为往事。国家破灭，身世飘零，他的闲情逸致恐怕已经一去不复返了。

▶以古观今

写出生活，写出个性，写出自己的生命情调

话说回来，一去不复返又怎么样呢？

宇文所安《追忆》里说，张岱《陶庵梦忆》的眷恋之情包含了不同的内容，即眷恋的人和所眷恋的东西——"它可以是过去的生活、现在的生活，或者是企求他的名字被后人回忆起来的期望。正是眷恋之情创造了历史，一部参与了过去又规划到未来的历史。眷恋之情无限期地延缓了死亡：在石匮中永远会有写不完的手稿。眷恋之情通过写作而颁布出来。"

晚明小品写作的特点是：篇幅短小、结构随意、轻盈简洁、富有情趣。张岱此文写出了生活，写出了个性，写出了自己的生命情调，对后代产生极大的影响。不少现代散文作家受到他的影响，才能用现代话语写出细腻的生活观照。

卷三

人格的象征

——《爱莲说》 宋·周敦颐

▶理学创始者周敦颐

周敦颐（1017—1073年），字茂叔，号濂溪，北宋道州营道（今湖南省道县）人。生于宋真宗天禧元年（1017年），卒于宋神宗熙宁六年（1073年），谥号元，称元公。曾担任大理寺丞、国子博士等官职。他在庐山山麓建"濂溪书堂"，晚年定居在此，世称濂溪先生。周敦颐融合了《易传》《中庸》与道家的思想，提出宇宙构成的理论，是理学的创始者之一，宋代著名理学家程颢、程颐都是他的弟子。他为官清廉，从政勤谨，黄庭坚对他的评价是："人品甚高，胸怀洒落，如光风霁月。"著作有《太极图说》《通书》等，后人编为《周子全书》。

▶爱莲说

水陆草木之花，可爱者甚蕃①。晋陶渊明独爱菊。自李唐来，世人盛爱牡丹。予独爱莲之出淤泥而不染，濯清涟而不妖②，中通外直，不蔓不枝③，香远益④清，亭亭净植⑤，可远观而不可亵玩⑥焉。

予谓菊，花之隐逸者也；牡丹，花之富贵者也；莲，花之君子者也。噫！菊之爱，陶后鲜⑦有闻。莲之爱，同予者何人？牡丹之爱，宜⑧乎众矣！

▶语译

水中陆上各种草木的花朵，可爱的很多。东晋的陶渊明

---

① 蕃：多。
② 濯清涟而不妖：在清水里洗涤过却不显得妖艳。濯，洗。清涟，清澈的水面上泛起的细小波纹。妖，妖媚。
③ 不蔓不枝：莲梗挺直，不旁生枝条。
④ 益：更加，越发。
⑤ 亭亭净植：亭亭，高挺的样子。净，洁净。植，立。
⑥ 亵玩：狎近玩弄。
⑦ 鲜：少。
⑧ 宜：应当，应该。

特别喜爱菊花。自从唐朝以来，世上的人都很喜爱牡丹花。而我独独喜爱莲花，我喜爱它从水底淤泥里生长出来却不受污染，在清水中洗涤过却不显得妖媚。它的茎梗里面贯通，外表挺直，没有像藤类蔓生的细茎，也没有歧出的枝桠。香气在远处越发清雅，高挺洁净地直立在水中，只可从远处观赏，却不可轻慢地接近玩弄它！

我认为，菊花是花中的隐逸高士，牡丹像是花中的富豪，莲花则是花中的君子。唉！喜爱菊花的人，自陶渊明以后就很少听见过。喜爱莲花，和我相同的不知道还有谁呢？至于喜爱牡丹的人，应当有很多人吧。

▶我读我思

典型托物言志之作

这篇《爱莲说》是周敦颐的散文代表作，借着歌咏植物，道出了自己所向往的人格特征。这是典型的托物言志之作，作者对莲花赞誉有加之际，同时暗示自己追求的坚贞气节。在周敦颐的理学理论中，大量汲取《中庸》的智慧，认为"诚"是极高的道德境界，必须"中和""主静""无欲"才能达到此一境界。周敦颐在这篇短文里，写出了美好的憧憬，以及道德的追求。不屑与世俗同流合污的他，表现出的态度是不汲汲于富贵，有自己的格调与情操。"主静""无欲"的生活观念，在《爱莲说》里具体呈现了。

"说"是一种文体名称，有时也称作"杂说"。它的特色是阐述道理，说明自己的观点。在这类文体中，大多可以看出作者独特的思考角度与看法。《爱莲说》便是在解说对莲花的偏爱，并且从偏爱莲花这件事联系到自己的人格追求。

每个人性情气质互异，对外在事物的好恶也多有不同。喜欢什么或不喜欢什么，往往与自我认同有关。在《论语·雍也》里，孔子说道："知者乐水，仁者乐山。"喜欢山的与喜欢水的，气质当然不一样。有才智的人通达事理，喜欢水的流动无阻。有仁德的人沉稳厚重，喜欢山的端然不变。在传统文学作品中，花草树木、鸟兽虫鱼都可以是内心状态的象征。某些文化图像经过长时间的累积，在我们的社会中形成了约定俗成的意义。于是，在恭祝生辰时，龟、鹤、蟠桃之类的图腾代表了延年益寿。松、竹、梅这些植物以其挺拔、坚劲，成为了君子的象征。

《爱莲说》文章开篇便总括来讲，水陆草木之花可爱的极多，点出了篇名中的"爱"字。接着依时代列举，对于草木之花的不同偏爱。晋朝陶渊明爱菊，他《饮酒》诗中的名句

"采菊东篱下，悠然见南山"，在隐逸文学中占有特别的地位。从唐朝以来，世人盛爱牡丹，甚至形成了潮流。白居易的诗里提到："一丛深色花，十户中人赋"，牡丹雍容华贵，号称国色天香，这么一丛深色牡丹花价格之昂贵，可抵十户中等人家的赋税呢。

透过描写状态，彰显所欲诉说的理念

对比之下，周敦颐的赏花品味与前述二者不同，生命情调也大异其趣了。

周敦颐喜爱莲花，《爱莲说》文中的莲花形象清新动人，藉由花卉比喻人格，笔调简洁优美。透过描写状态，彰显所欲诉说的理念，是这篇文章最精彩的地方。周敦颐描写莲花的生长环境，是出乎淤泥、洗涤于清波。然而淤泥无法污染它、清涟也不能让它变得妖媚，这当是本质使然，莲花的特质于是得以联系君子的美德。

"中通外直，不蔓不枝，香远益清，亭亭净植，可远观而不可亵玩焉"，进一步描写莲花的外观，从外观切入内涵。四个四字句一气连贯，读来庄重典雅。"中""直""清""亭亭""净"这几个用词既可以勾勒莲花之形态美，也暗示了喜爱它的人本身的人格美。莲花的不偏不倚，呼应了君子中正仁

义之道。它挺拔净植的美感，不可亵玩，或许也暗示了君子主静、无欲则刚的修养。

周敦颐《太极图说》里说："圣人定之以中正仁义而主静，立人极焉。"意思是，人必须无欲主静、实践中正仁义，才能到达道德的最高境界（人极），这也就是至善至美的圣人境界了。难怪莲花会在后文中与君子形象连结，彼此相互依托、相互诠释。

以此喻彼，让艰涩的道理变得容易理解

第一段中，周敦颐对于莲花的书写，可说相当仔细，大约是全文三分之一的篇幅。莲的意象彰显了，菊与牡丹只是以泛泛之笔带过。我们不难看出端倪，他详于描摹莲花，菊与牡丹则从略，作者显然太"偏心"了。事物相互映衬，采取对比手法，更能凸显他"爱莲"的情怀。

第二段里，作者善于模拟，将花卉特质与人格串连来谈。说体散文的特色之一，便是以此喻彼，让艰涩的道理变得容易理解。有了前一段的描写、特写，正足以带出下一段"爱莲"的说明。周敦颐提出的概念是："菊——花之隐逸者""牡丹——花之富贵者""莲——花之君子者"。三种不一样的花卉被拟人化了，也模拟出差异极大的人格情调。

这些植物本只是自然物象，无关乎贫贱富贵、出仕隐居，更无关乎道德情操之高下。只不过，为了论说的方便，这些植物因为形象的特征，以及长久以来的文学传统定位，在此便被作者用作人格的象征。他说牡丹是富贵者，爱牡丹的人应该很多，而自己偏爱莲花，可能暗示了自己对富贵功名的不屑。对于菊花，作为隐逸的象征，作者有一点明褒暗贬的味道。隐士虽然清高自持，可是终究不能兼善天下。隐逸孤高的自我标举，确实不合乎周敦颐的人生抱负。所以，菊花与牡丹衬托出莲花的可贵，更值得怜爱。

富贵、隐逸、君子三种人生模式里，周敦颐无疑选择了君子这条路。王水照说："作者钟爱莲花，也体现了理学家的人生观。对于象征世俗富贵的牡丹，他不屑一顾，这无疑是以孔子传人自许的理学家视富贵如浮云的必然态度。对于象征隐逸者的菊花，作者似褒实贬，这也是主张积极用世的理学家对于隐士的根本看法。而'出淤泥而不染'的莲，正是理学家所追求的理想人格的化身，是忠直进取、不阿世俗的'君子'的写照。"（《唐宋散文精选》）

在文章的最后写着："噫！菊之爱，陶后鲜有闻。莲之爱，同予者何人？牡丹之爱，宜乎众矣！"表面上看似三种人格气质并列，没有高下优劣的判断。然而，"噫！"这个感叹词极为巧妙地诉说了作者的情绪。我们不难想象周敦颐为什么叹气，那极可能是想要被理解却又不被理解的感伤，也极可能是深刻自我理解后的坚强。"同予者何人？"这个疑问句中，已经泄漏了作者的评价了。

他感慨，与他一样爱莲的人太少了。他不选择直白的说明，而是饶富意味地嗟叹然后诘问，因此加强了文意的起伏，让说明在一叹一问中更有深度。若要直说，作者应当是慨叹真正隐者太少了，有品德的君子更少，世界上最多的还是那些追逐富贵者。"莲之爱，同予者何人"除了感叹之外，也强调了自己坚守的人格质量，不会因为时代风尚而改变。以"牡丹之爱，宜乎众矣！"作为结尾，既可显示大多数人的心态，又可再度强调自己的情操。

▶以古观今

善于类推、打比方，是说体散文的重要性质

《爱莲说》以"爱"字贯串全文，文章结构严谨。"说"这一种文体，常常托物言志，透过刻意选择的书写对象，可以寄托自己的理念情操。选取的对象是不是适切，直接影响了说明的力道。吴敬梓的讽刺小说《儒林外史》中，王冕画荷花的情节安排当然是有心为之。就史实来说，王冕不单只以画荷花闻名于世。小说中聚焦于他画荷花，当然也是意有所指的，与《爱莲说》可以相互参看。

生涩强硬的说理往往令人排斥。尤其是在道德主题的讨论上，若是思想贫瘠又缺乏文采，很可能会流于教条与口号，无法达成沟通的目的。可是，经过艺术化的处理之后，道理便能以更有说服力的面貌出现，使人衷心折服。善于类推、打比方，是古代说体散文的重要性质。因为在事物与道理之间，写作者掌握了最紧密的关连，并且藉由这种关连让抽象的概念变得具体了。

名字的意义

——《名二子说》 宋·苏洵

▶为文雄奇苍劲的苏洵

苏洵（1009—1066年），字明允，世称为老泉，眉山（今四川眉山县）人。二十七岁才发愤读书，参加科举考试不中。他潜心钻研经史百家学说，也相当关心时务。仁宗嘉祐年间，与二子同赴京师，拜会文坛领袖欧阳修，获得欧阳修赏识，学者争相效法他的文章。后经宰相韩琦保举，担任秘书省校书郎。为文雄奇苍劲，著有《嘉祐集》。与儿子苏轼（1037—1101年）、苏辙（1039—1112年）合称"三苏"，皆名列唐宋八大家。

▶名二子说

　　轮、辐①、盖②、轸③，皆有职④乎车，而轼⑤独若无所为者。虽然，去轼则吾未见其为完车也。轼乎，吾惧汝之不外饰⑥也。

　　天下之车莫不由辙⑦，而言车之功，辙不与焉。虽然，车仆⑧马毙，而患⑨亦不及辙。是辙者，善处乎祸福之间也。辙乎，吾知免⑩矣。

▶语译

　　车轮、车辐、车盖、车轸，在一辆车上都各有其作用，缺一不可。然而唯独车轼看起来一点用处也没有。即便如

----

① 辐：车轮中凑集于中心毂上的直木。
② 盖：车盖。
③ 轸：zhěn，车厢底部后面的横木。
④ 职：功能、作用。
⑤ 轼：车厢前供人倚靠扶手的横木。
⑥ 外饰：在表面有所修饰。
⑦ 辙：车轮碾过所留下的痕迹。
⑧ 仆：倾覆。
⑨ 患：祸患，灾祸。
⑩ 免：免于祸患之意。

此，如果少了车轼，我认为车子也就不完整了。轼呀，我担心你不注意修饰自己而锋芒太露啊。

天下的车子，没有不依循车辙而行的，车子走过便留下轮迹，久了就成了车道。但是谈到车子的功劳，却好像跟辙一点关系都没有。即使这样，万一车子翻倒、马死了，祸患也不会牵连到轮迹。这是由于轮迹善于处在祸福之间，又能持续向前的缘故。辙啊，我知道你能够免于灾祸的。

▶ **我读我思**

以车子的名称影射人生

这篇《名二子说》旨在解说为两个儿子命名的缘由，也深藏着一个父亲的爱。苏洵帮孩子取名的时候，竟有那么多的思虑与担忧。题目中的"名"，是命名之意。说是文体名，通常用于解释说明事物的特质。

庆历六年（1046年），苏洵进京参加科举考试失利，来年回到家乡后写了这篇文章。沈德潜说："二子性情才术、遭逢究演竟，已定于此。"苏轼跟苏辙这对兄弟的人生，果然就像苏洵所想的那样，似乎冥冥中有了定数。苏洵观察两个儿子的个性，眼光确实相当准确，没有看走眼。父母常把期望寄托在孩子身上，自己无法达成的愿望，总希望有朝一日孩子可以完成。苏洵的妻子程氏亦好读书，尤其留心两个儿子的教育。苏辙的文章提到过，父母的心愿是希望儿子能够继承自己的志向。

苏洵教导儿子读书，常跟他们分析历史的成败得失，不希望他们成为"湮沦弃置之人"。他说一个读书人活在世上，必须治气养心，不要让自己走偏了。有能力的话，要帮助更多人实践理想。若是不得志，应当将自己的所知所学写出来，让更多人知道。

命名"苏轼"的意涵

这篇不到百字的《名二子说》，简单说明为子取名的意涵。文章的结构很简单，大概可以区分为两部分，分别谈用"轼"与"辙"来命名的原因。如果不经过诠释，我们大概不容易理解背后的意义是什么。除非改名，否则名字会跟着人一辈子。父亲为二子命名，是那么的慎重，具有深义。我们可以察觉到：苏洵对儿子的了解，以及对他们的劝勉与祝福。

第一段里先提到车子的"轮、辐、盖、轸"，它们各有作用。相形之下，"轼"好像就没多大的用处了。不过，缺少了轼，车子也不完整。最后一句话则表达了担忧："轼乎，吾惧汝之不外饰也。"轼的功能是：可供凭靠、瞭望。他似乎在鼓励儿子，要作车前的横木（轼），瞻望前方的道路，眼光要深远。轼的另一特点是，凸露在外面。苏轼的个性豪放，有极高的才情，然而往往锋芒外露。苏洵这么命名，大概担心苏轼不知节制收敛而卷入灾祸吧。后来的人生里，苏轼果然因为言论招致祸患，几乎连命都要赔上。若是他能多看一看、多想一想，修饰一下自己的观点，命运也许不会那么坎坷。在苏轼小时候，苏洵就深知儿子的特性，叮咛他善加外饰，以免惹祸上身。

这一段更积极的意义是：车子有了轼，可以登高望远。人生境界要宽阔，怎能没有远见？名与字相关，苏轼的字叫子瞻，瞻是向前、向上看的意思。依凭在轼上，自然就可以往前、往上看了。

命名"苏辙"的意涵

第二段说到为苏辙命名的意义。苏辙与苏轼的个性不同，苏辙比哥哥内敛得多。他为人忠厚稳妥，比较不善于张扬自己。天下的车子莫不循辙而行，但是人们不会把功劳算在辙上面。不过，如果车翻马毙，人家也不会怨怪辙。苏洵以为，辙是善于自处的。即使处在祸福之间，也可以让自身不受侵扰。"辙乎，吾知免矣。"似乎也有预言的味道。苏辙一生中，确实比哥哥少吃了许多苦。

苏辙的字是子由，"由"有践行、依循的意思。依循着车辙而行，方向是正确的，当然不会有差错。苏洵以车子的名称来影射人生，对取名这件事极为慎重。因为这里面有父亲的体会，并将这份体会化为最美好的馈赠，在儿子的往后人生中形成一股支持的力量。

以短见长、以近见远，说明简单扼要，毫不拖泥带水

《名二子说》文章虽短，却还是充满转折起伏。沈德潜评本文说，有"不可遏抑之势""大奇"。前后两个段落，分别都有"而""虽然"作为转折，结尾都安排了"轼乎""辙乎"类似的呼告。文字少，意义深，必须反复思索才能探触到苏洵的用意。

曾巩在《苏明允哀辞》中称赞苏洵的文章："侈能尽之约，远能见之近，大能使之微，小能使之著。"《名二子说》便充分展现了这样的特质。文章能够以短见长、以近见远，说明简单扼要，毫不拖泥带水，这就是苏洵的功力所在了。

取名是一门大学问

古代的命名礼俗相当复杂，杜家骥在《中国古代人际交

往礼俗》中提到："名字，本来最基本的作用是作为人们互相区别、认识的一种标志，可是在我国古代，名字的称用已大大超出这种意义。一个人取名不只一个，每个名字都有不同的作用。"古人的名字大概有乳名、名、字、号这几种。出生后家长取的，孩提时期使用的小名就是乳名。乳名往往不甚文雅，亦有相当粗俗者，只求孩子顺当长大。长大入学，则再取个学名，亦称为大名。古代说的名，大概指的是此一时期定下的称呼。成年后，另外再取的名字就是字。取字代表了一个人走向成熟，进入人生的另一阶段。人们用字来称呼对方时，往往也有尊重之意。所以对同辈直呼其名、连名带姓地叫，就是失礼（甚至侮辱）了。

关于名的使用，大致可用于君称臣、尊长称子孙，或是老师称呼学生。对别人称呼自己时，大多自称己名而不用字。所以古人在一般人际往来时，往往抑己扬人。同侪交往，对人自称己名，称呼对方的字，既有自谦的意味，也含有尊重对方之意。

至于号的部分，有自己起的号（自号），也有别人帮自己取的。人死之后给的号，则叫做谥号。自号别名，常显示自己的嗜好、性格、志向、情操。为一个人取号，则多有推崇、褒扬的意思。

不管古今中外，取名是一门大学问，通常有许多顾忌。取个响亮好听又好记的名字，总是让许多父母搜索枯肠，绞尽脑汁。最好能够顾虑到平仄，让名字念起来有音乐性。在文字的世界里，同音字实在太多了，也要避免谐音造成的笑话。还要担心名字好不好写、是否太过粗俗不雅。有时更要参酌生辰八字、阴阳五行，考虑取的名字会否影响往后的人生机运。

然而，名字与命运真的相关吗？周志文在《名字》里提到："名和命两个字在古时候确实是相通的，这在训诂学上找得出证据。只是名和命字相通的时候，命的意义是名，所指不是命运，也就是命在某些时候可以解释为名，但名是不能解释为命的，……人的命运为了要和宇宙的气数相配，每隔一段时间就要改一个名字，那这个社会岂不是成了名义不清、价值错乱的社会了吗？"

遭逢政治的权力斗争，苏轼贬谪到黄州后，爱妾朝云生子，他取名为"遯"。他还作了一首《洗儿》诗："人皆养子望聪明，我被聪明误一生。惟愿孩儿愚且鲁，无灾无难到公卿。"苏轼这首诗里，充满了自我解嘲，也暗藏了对命运的看法。他祝福儿子无灾无难，也颇有同情自己的味道了。

▶以古观今

透过命名，更能理解人生的奥秘

常有人问我，凌性杰是笔名吗？若是真名，为何我的父亲会帮我取这么特别的名字？然而，我无从问起了。隐约从母亲口中得知，那是父亲抱着字典与命名学书籍苦思多日的结果。后来这个名字被社交网站停权，说这是假名，要我用真名重新注册。改成凌杰后，才取得权限。我哑然失笑，疑惑着，究竟什么是假，什么是真呢？

《离骚》这首长诗里，屈原从自己的名字、世系、人格、抱负写起，追溯生命中的重要遭遇，一再地强调坚定的信念。一个美好的姓名，似乎暗示着自己，不能做出让自己后悔的事。有了这个基础，他才能继续叙说往后的人生，以及生命中最珍贵的情操。

而郝誉翔的小说《逆旅》中，开头便是《取名》。这本书的诞生，跟一趟返乡之旅有关。1991年夏天，郝誉翔陪父亲返乡探亲。在山东青岛，第一次看到了父亲故乡的家人，对于血缘关系或许有了更深的体会。后来，她试图在文字中追踪父亲的生命轨迹，以及一个时代的气味。《逆旅》序文说："原初的追寻新奇刺激，到后来，却变成了说不出的惊诧、愕然和怅惘，在历经了这趟启蒙之旅后，我这才知道，历史太大，而个人太小，开始敬畏于生命的厚度与重量。"这本小说的前两章是《取名》《诞生，一九六九》，一开头便在名字上极力铺陈，交代"小说中的郝誉翔"如何为自己命名，生命史就此展开。

生活中，我们无时无刻都在与人事物的名字相遇，语言的意义有时就藏在那些音节当中。考季来临时，"追分成功"的车票带来鼓舞，追分与成功原来只是两个车站的站名而已。透过命名，我们仿佛也约略知晓了潜藏的意义，更能理解人生的奥秘了。仔细观察生活场景，人物、书本、汽车、商家、电视节目……，这世间所有的名字都各有意义，只是，我们往往忘了如何说明。

遇与不遇的关键

——《马说》 唐·韩愈

▶直言敢谏的韩愈

韩愈（768—824年），字退之，唐河南河阳（今河南省焦作孟州市）人。祖籍河北昌黎（今河北省徐水县），昌黎为其郡望，故自称昌黎韩愈。他早年刻苦为学，博通六经百家之书，二十四岁中进士。做官至吏部侍郎，卒谥文，世称韩文公。

韩愈以发扬儒家学说为己任，极力排斥当时盛行的佛、道思想。他不满六朝骈俪虚浮的文风，致力于改革，提倡三代、两汉的古文，被称为古文运动。他的好友柳宗元，弟子李翱、皇甫湜，也都是写作古文的名家。宋代苏轼称他"文起八代之衰"，明朝人推他为唐宋八大家之首。

►马说

　　世有伯乐①，然后有千里马。千里马常有，而伯乐不常有。故虽有名马，祇辱于奴隶人之手②，骈死③槽枥④之间，不以千里称也。

　　马之千里者，一食或尽粟一石⑤。食马者⑥不知其能千里而食也。是马也，虽有千里之能，食不饱，力不足，才美不外见⑦，且欲与常马等不可得，安求其能千里也？

　　策之⑧不以其道⑨，食之不能尽其材，鸣之而不能通其意，执策⑩而临之曰："天下无马！"呜呼！其真无马邪？其真不知马也！

———————

① 伯乐：姓孙，名阳，字伯乐，春秋秦穆公时人，以善于相马而闻名。
② 祇辱于奴隶人之手：只是受辱在奴仆手里。祇，只是。
③ 骈死：并列而死。骈，一起。
④ 槽枥：喂牲口时放食物的器具。枥，ㄌㄧˋ，马厩。
⑤ 尽粟一石：吃完一石食料。尽，全，这里当动词用，是吃完的意思。粟，给马吃的粮草。石：十斗。
⑥ "食"马者：音义与"饲"相同，喂养。下文"而食也"、"食之"的"食"，音义皆同"饲"。
⑦ 才美不外"见"：音义同"现"，显现、表露。
⑧ 策之：用鞭子打它。策，本意指鞭子，这里名词作动词用，鞭打之意。
⑨ 道：方法。
⑩ 执策：拿着马鞭。

▶语译

世上有了伯乐这样的相马者，然后才有机会发掘千里马。千里马经常有，可是伯乐这样的人却不常有。所以即使出现名贵的马，往往也只能受辱于仆役手下，下场跟普通的马一样，一起死在马厩里，不能被称作是千里马。日行千里的马，一餐或许就能吃下一石粮草，喂马的人不知道它是千里马，并未根据它日行千里的本领来喂它。这样的马，即便有日行千里的能力，却吃不饱，力气不够，潜能和美好的本质因此表现不出来。如此一来，想要它跟普通的马相等尚且做不到，又哪能要求它日行千里呢？不依照正确的方法驾驭、鞭策它，喂养它时又不满足它的天分所需，使它无法充分发挥才能，当它嘶叫却不懂得它的心理，反而拿着鞭子站在它面前说："天下没有千里马！"唉！难道真没有千里马吗？其实是他们不懂马啊。

▶我读我思

谏迎佛骨被贬，写奇文驱赶潮州鳄鱼

韩愈幼时父母都已亡故，依靠长兄韩会抚养。韩会大韩愈三十一岁，韩愈自小便跟着在京师做官的哥哥一起生活。之后韩会被贬官，韩愈也随兄嫂到了南方的韶州（今属广东省）。不料韩会病死于韶州，少年韩愈跟着嫂嫂郑夫人回到河阳。其后中原兵乱动荡，郑夫人于是带儿子韩老成和韩愈，前往宣城（今安徽省）避乱。韩愈在这样的环境中不忘充实自己，在颠沛流离中砥砺自己的人格，增进自己的学问。

韩愈在官场上的作风公正清廉，直言敢谏。元和十四年（819年），唐宪宗派宦官杜英奇带领宫人前往凤翔迎奉佛骨。先在宫内供奉三天，然后送到京中各寺院轮流供奉。于是许多人不思工作，只想礼佛参拜。韩愈目睹当时景象，担心越演越烈，于是写了《谏迎佛骨表》上呈唐宪宗。他表示应将佛骨"投之于水火"，以破除天下人的迷信。甚至还说，君主事佛，将会减损年寿。看完之后，宪宗震怒，想要将其处以极刑。多亏朝中大臣相救，韩愈才逃过一死。不过，死罪可免，活罪难逃，他被贬为潮州（今广东东部）刺史。

当时潮州有鳄鱼为患，常常危及人畜安全。韩愈想要为民除害，派人将猪、羊投入水中，设坛作法，对着它们宣读自己写的《祭鳄鱼文》。文中，他先说理再胁迫，限定时间、指明方向，要鳄鱼离开此地。据传仪式举行过后，鳄鱼果真成群离去，这当然又是无稽之谈了。

立意独到，撷取众所周知的典故提出新见解

《马说》是韩愈《杂说》系列散文中的第四篇。《杂说》总共有四篇，每篇皆是篇幅短小、设喻说理的杂文。"马说"是后人所加的标题。"说"有谈论、说明之意，比"论"要轻松、随意一些。就题意来看，就是谈谈千里马，或谈跟千里马有关的问题。这篇作品立意独到，撷取众所周知的典故而提出新见解，不仅展现了高度的论说技巧，更反映出韩愈思想之深切。

韩愈从《战国策》中的故事展开讨论，然而，世俗所知的伯乐善相千里马不是他讨论的重点。他只是要藉由伯乐跟千里马的典故，多转一层，说出自己无法明说的概念。他将深刻的思考隐藏在故事背后，既增强了文学的渲染力，也让自己的主张少了些剑拔弩张的味道。

伯乐与千里马的故事

《战国策·楚策四》记载，汗明见春申君时说了伯乐与千里马的故事。他说："您听说过千里马的事吗？千里马长到一定年龄，便驾着装盐的车爬上太行山。它的四蹄伸展，膝盖弯曲，尾巴下垂，皮肤溃烂，口水洒到了地上，汗水满身流淌。爬到山路的中段，就再也爬不上去。伯乐遇到它，从车上

跳下来，拉着绳子为它痛哭，并脱下自己的麻布衣服为它盖上。千里马于是低下头叹气，又昂起头高声嘶鸣，叫声直上云天，响亮得有如金石乐器发出来的，这是为什么呢？因为它知道伯乐是了解自己的啊。"

汗明藉此说明，像自己这个不成器的人，久处基层行政机构，住在陋巷土屋，埋没于世俗之中已经很久了。他要问春申君的是：难道还不愿意提拔自己吗？汗明用这个故事向君主阐述，执政者想得到真正的人才，必须像伯乐那样，以类似爱护千里马的心情去珍惜人才。

借物寓意，一正一反两面申述

《马说》虽短，结构却相当精巧，通过藉物寓意的写法，将千里马不遇伯乐，比喻为贤才难遇明君。韩愈暗示在位者能够甄拔、重用人才，使其能够尽情发挥才能。这或许也暗示了，作者的怀才不遇之感。推广而论，那些埋没、摧残英才的执政者，确实应该受到批判。

韩愈先从正面立论，开篇就说："世有伯乐，然后有千里马。"接着笔锋一转，点出最可惜的情境："千里马常有，而伯乐不常有。"透过一正一反两面申述，处处强调了伯乐慧眼的重要与难得。千里马和伯乐的关系如此密切，然而在世界上伯乐并不常有，千里马终将无法逃脱被埋没的命运。

文章第一层，讨论千里马与伯乐之间的关系

文章的第一层，讨论千里马与伯乐之间的关系，让我们明白，没有伯乐，就没有千里马。此文中的伯乐，已经从历史典故中的特定人物，变成能够辨识英才的普遍概念。让人痛惜的是，"千里马常有，而伯乐不常有"。韩愈把"常有""不常有"拿来对举，这个论断实在极为尖锐。这也说明了，天下并非没有贤才，而是缺少了慧眼赏识的人而已。

文章第二层，加深千里马命运的悲剧感

接下来是文章的第二层，韩愈加深千里马命运的悲剧感。不能发挥天分也就算了，竟然还要受辱于奴隶人之手，骈死于槽枥之间。这里具体描绘千里马的遭遇，除了进一步推展世无伯乐的论述，更让人同情那些被埋没、甚至得不到尊重的人才。探究其中最根本的原因，饲养者的"不知马"导致了悲剧的发生。

千里马的命运，就表面来看，很多人可能会认为它才华内藏，美质"不外见"。可是韩愈说它的日常习性是："一食或尽粟一石，食马者不知其能千里而食也。"文中极力强调千

里马的食量"异常"，养马的人应该要有所察觉才对呀。只是养马者太过无知，不知其能千里而食。他按照常规来对待千里马，便扼杀了良马适性发展的空间。文气趁势而发，归结千里马才华之所以展现不出来，其实是因为"食不饱，力不足"。似有结论之后，再以反诘句激切地批判："且欲与常马等不可得，安求其能千里也？"从反面加强论证，有伯乐才有千里马的道理。同时，对养马者的无知也带有更深的质疑。

文章第三层，刻意用排比句型塑造养马者形象

到了文章的第三层，刻意用排比句型塑造养马者的形象："策之不以其道，食之不能尽其材，鸣之而不能通其意。"这三句话概括了养马者"不知马"，可是却主掌了良马的命运，更过分的是还要以知马者自居。饲马者仿佛瞎了眼一般，在千里马前面大呼"天下无马"。

千里马与饲马者相互对比之下，饲马者确实愚蠢到无以复加。韩愈何其无奈，只能用"呜呼"这样的叹词来诉说自己的心情。他继续拓深文意，质问着："其真无马邪？"这似乎也对着读者提问，然后告诉我们"其真不知马也"。

本文核心思想明确，以"不知马"贯串全篇。短短的篇幅里，韩愈用了十一次的"不"字。强烈的否定又否定，正

夹带着强烈的质疑、批判。他的见解、感伤，透过具体的形象、简洁的事件，愈加显得艺术技巧的突出，更加增添了思考的深度。他为有才不得伸的人感到痛心疾首，同情他们受到不公平的对待，文字中尽是不平之鸣。

▶以古观今

孩子到底该受什么样的教育？

当今社会需要什么样的人才？我们的教育体制怎样才能做到让每个人天分有所发展，让每个人各尽其才？我们固然可以不用像韩愈那样悲愤呐喊，也可以不用再面对封建社会统治者的专断，但是这样就可以保证不会亏待任何一种人才吗？

现代社会里，我们仰赖着教育制度培养人才，让每个人都拥有自我实践的机会，也让社会阶层得以流动。教育政策的制订，必须合乎公平与正义的原则。当下的教育制度决定了绝大多数青少年的未来，也决定了社会的未来。我尤其怀疑的是，免除考试之后，就可以人人都幸福、没有任何竞争压力了吗？一个缺乏竞争力的环境，就是我们想要的吗？

杨照《狗食里假骨头的逻辑》中提到台湾的教育："追根究底最大的问题：孩子到底该受什么样的教育？要用什么方

法、由谁来决定孩子们该受的教育内容跟程序呢？"他认为有两种路子："一种问明白什么样的教育是最理想的，一种则搞清楚什么样的教育最有用。我们碰到的麻烦是，这两条基本路子竟然好像都走不通，至少走不远。"

对人才的看法

——《骡说》 清·刘大櫆

▶桐城三祖之一刘大櫆

刘大櫆（1698—1779年）字才甫，一字耕南，号海峰，安徽桐城人。曾担任黟县教谕，擅长古文，亦有诗才，著作有《海峰文集》《海峰诗集》等。他师事方苞，深受方苞（1668—1749年）称许，为姚鼐所推崇。方苞、刘大櫆、姚鼐，同为安徽桐城人，古文理论与创作一脉相承，并称为桐城三祖。

刘大櫆虽然学习方苞，但二者文风不同。方苞长于经学，笔调较为严谨，为桐城派之宗主。他的作文理论主张标榜"义法"——"义"指的是言之有物，"法"指的是言之有序。内涵要深刻有意义，形式要有章法顺序。刘大櫆则着重于"义理、书卷、经济"，继承阐发程（程颢、程颐）、朱

（朱熹）理学。在写作表现上，他强调取法古人的"神气、音节、字句"，也特别重视文章的神韵。刘大櫆的学生姚鼐（1731—1815年）主张兼采"义理、考证、词章"之长，编选《古文辞类纂》，其义例非常严明，在清代只选取方苞、刘大櫆二家文章，学习古文者往往奉为圭臬。

▶ **骡说**

乘骑者皆贱骡而贵马。夫煦①之以恩，任其然而不然②，迫之以威③使之然，而不得不然者，世之所谓贱者也。煦之以恩，任其然而然，迫之以威使之然而愈不然，行止④出于其心，而坚不可拔⑤者，世之所谓贵者也，然则马贱而骡贵矣。虽然，今夫轶⑥之而不善，榎楚⑦以威之而可以入之善者，非人

---

① 煦：温暖、温驯。
② 任其然而不然：放任它，不加强迫，让它自动这样做，它却偏不这样。然，如此、这样。
③ 迫之以威：以威势强迫它。
④ 行止：举止、一举一动。
⑤ 坚不可拔：坚毅不可改变。拔，移易、改变。
⑥ 轶：通"逸"，放任、放纵。
⑦ 榎楚：用于笞打处罚的刑具。榎，jiǎ，山楸的别名。楚，有刺的小灌木。

耶？人岂贱于骡哉？然则骡之刚愎自用[①]，而自以为不屈也久矣。呜呼！此骡之所以贱于马欤？

▶语译

　　骑乘牲口的人，都常常轻视骡子，却比较看重马匹。人类用恩情来驯养它、温暖对待它，放任它而不加强迫，让它自动这样做，它却偏不这样。用威势逼迫，让它这样，因此它便不得不如此，这就是世俗所说的低贱动物。用恩情驯养它，放任它，让它这样做，它就这样做。用威势胁迫它这样，它就愈不这样做，它的动静举止，完全随心所欲，而且意志相当坚定，几乎无法动摇，这是世俗所说的高贵动物。这么说来，应该是马低贱而骡高贵了。

　　话虽如此，现在放纵骡子，它却表现不佳。拿木棍鞭打它、威吓它，却可以使它向善变好，人不也是这样吗？（一定要加以处罚，才肯学习向善。）人难道比骡子低贱吗？但是，长久以来骡子性情倔强、桀骜不驯，还自以为不屈不

---

① 刚愎自用：性情倔强，固执己见。针对骡子来说，指它桀骜不驯。愎，bì，任性、固执。

挠、表现不凡呢。唉，（就世俗眼光看来，）这就是骡子比马低贱的原因吧？

▶ **我读我思**

在既有开创的框架里，提出新观点，展现新手法

《骡说》选自《海峰文集》，刘大櫆藉骡、马来比喻人事，文章虽短而理念深刻，写法类似韩愈的《马说》。《马说》里用简洁的文字，感叹"千里马常有，而伯乐不常有。"确切点出了甄拔人才的问题，可说是掷地有声。人才被压抑，让韩愈发出不平之鸣。与此间隔了九百多年，刘大櫆的《骡说》出现了。同样是篇幅短小，同样是设喻说理，同样都在讲跟人才有关的问题，韩愈《马说》已经是说理散文的典范，刘大櫆如何写出新意更加耐人寻味了。

刘大櫆确实是作文好手，能在韩愈开创的框架里，提出新的观点，展现了新的手法。韩愈《马说》针对上位者不能选贤任能而发，感伤人才惨遭埋没。《骡说》开头直接地说："乘骑者皆贱骡而贵马。"他从乘骑者的角度，指出传统的、世俗的普遍观点，区分了马与骡的贵贱。话说回来，物种各有天性，何来贵贱之分？所以有贵贱的区别，大抵是人的

主观意志使然。值得玩味的是，为什么人在面对不同的物种时，态度上有了这些差别？

显现与世俗不同的见解

刘大櫆这里看似要做翻案文章，他刻意指明乘骑者"贱骡贵马"，背后的意思或许是有其他人"贵骡贱马"呢。在论述方法上，要推翻某种意见，最好就是把那种意见作为标靶。先锁定想要批判的议题，可以使焦点明确，也让文气可以更集中。《骡说》这篇文章虽短，却还是可以区分出四个层次。层次井然、叙述有条理，让文章主旨自然地彰显出来。文章概念的第一层，是从"乘骑者"的立场说起。"乘骑者"的立场，实则就是一般人的普遍观感。

从乘骑者（控制）的立场出发，最好驾驭驱遣的坐骑是马，当然会以之为贵。比较马与骡的个性（甚或长相），马的确温驯可爱得多，世人"贱骡贵马"也就不令人意外了。用"乘骑者皆贱骡而贵马"开头，暗示了作者即将显现他与世俗不同的见解，并就此展开讨论。

进一步反复申述观点

果然，文章的第二个层次进一步反复申述观点："夫煦之以恩，任其然而不然，迫之以威使之然，而不得不然者，世之所谓贱者也。煦之以恩，任其然而然，迫之以威使之然而愈不然，行止出于其心，而坚强不屈者，世之所谓贵者也，然则马贱而骡贵矣。"在这里，刘大櫆并没有特别讲明，立场不同对贵贱的看法必然有差异。但我们阅读的时候，或许更应该探究其中的深意。刘大櫆以"夫"字舒缓了语气，并且深入谈论贵贱的评断标准。

开头讲"马贵骡贱"，是根据"乘骑者"的立场说的。单就容不容易驯服、驾驭来看，骡确实比不上马，难怪被认为是"贱"。但是刘大櫆并未就此打住，限制自己的观点。而是试图从反面提出了新意见，并且把对动物的观感连结到品评鉴赏人物的标准上。于是，马、骡的物种特性成为隐喻，也成为人性的投射。马不能放任，要人家鞭打才会乖巧驯服，这难道不"贱"吗？反观骡子，越是要驯服它，它越是强硬不屈从。两者相较，便得出"马贱而骡贵矣"的结论。这里也暗示着，人才的可贵，就在他有主见而不轻易屈服。

从正反申论中转向，深入引出社会意涵

文章第三层用"虽然"展开转折，此处的"虽然"有"话虽如此""即便这样"的意味。刘大櫆要从前面的"贵马

贱骡""贵骡贱马"的正反申论中转向，深入地引出人才的社会意涵，加深文章与现实社会的关连。他将骡、马和人才优劣对照着讲，强化了寓意。表面上，他的讨论不脱对骡子的驯养、鞭笞，以及骡子的脾气、反应。然而文章的铺排已经联系到如何对待人才的议题。

乘骑者如果是统治者，马、骡就是被统治者驾驭的人才。"今夫轶之而不善，榎楚以威之而可以入之善者"，呼应了"煦之以恩，任其然而不然，迫之以威，使之然而不得不然者"。要用刑罚来威吓，才可以使之向善变好。动物如此，人不也是这样？人非要被法律刑罚恫吓，才会有好的表现，这不正是世人所认为的"贱"？可是，人真的比骡子贱吗？刘大櫆的反诘语气里，藏有深深的疑惑吧。如此一来，他的言外之意，更是曲折深奥了。

继续推深、转折文意

最后一层收束总结全文，"然则"一词有继续推深、转折文意的作用。"骡之刚愎自用，而自以为不屈也久矣。呜呼！此骡之所以贱于马欤？"这段话似乎是在下定论，"马贵骡贱"的观点好像再度出现。但是，这段话已经不是在说骡，而是在比况人才。更或者，这个人才就是刘大櫆自己。骡子个性"刚愎自用"，正是自我的投射。骡子的行为出于其心，面对鞭笞而不动摇，那是因为它桀骜难驯，本性使然。坚强不屈的原因，在于它不低头、不屈服。书写骡子的形象、脾气，同时契合了作者的才性，转折变化的确灵活巧妙。

刘大櫆何以要写《骡说》？学者推测恐怕与他的遭遇有关。他在科举考试的路途上屡屡受挫，想必充满怀才不遇的悲愤。虽然方苞推荐他应试博学鸿词科，可惜被大学士张廷玉黜落。于是往来江南各地，授徒为业。他一度担任教谕工作，辞职以后又开始授徒讲学为生，落寞以终。他或许对执政者、权力者有过期待，然而到头来只换来最无奈的失落。

有才干的人往往天才英发、不受驯服，如何认真对待这种人，是统治者必须好好思考的。一个人越是聪明、越是有创造力，越要挑战成规，不想被束缚。如何让这类人才适性发展，是《骡说》来不及讨论的课题。这是篇幅限制使然，也是为了使讨论可以有焦点。从这里延伸出的问题，或许应该要另写一篇文章了。

▶以古观今

读书贵有新得，作文贵有新味

贵与贱，让人直觉地以为是对立的两个概念，然而刘大樾却从几种不同的角度分析，指出事情并非那么绝对。一般人讨论事理常拘于成见，说理无法高远，更不用说统观全局了。刘大樾认为，文章写作要符合："奇、高、大、远、简、疏、变、瘦、华、参差、去陈言"这些要求。《骡说》的整体概念新奇、高远，篇幅短小而格局极大，去除了陈言套语，语句参差变化读起来抑扬顿挫，处处印证了他自己的写作理念。

夏丏尊、叶圣陶在《文心》里说："读书贵有新得，作文贵有新味。最重要的是触发的功夫。所谓触发，就是由一件事感悟到其他的事。"而所谓触发的功夫，要是自己的、新鲜的才好。作文的目的，是在真诚地沟通、适切地表达，充分地陈述自己的情感与思想。我们必须说出真实的心声，也要说出有别于陈腔滥调的真知灼见，这样的文章才有价值。

卷四

从下棋看人生

——《弈喻》　清·钱大昕

▶清代通儒钱大昕

钱大昕（1728—1804年），字晓徵，一字辛楣，号竹汀，嘉定（今属上海市）人。乾隆进士，官至少詹事。后因父丧丁忧，辞官归隐，作育英才，先后主讲于钟山、娄东、紫阳等书院，门下士有二千多人。他除了以辞章闻名，钻研经史亦是成就卓著，在声韵、训诂方面多所创见。史学方面则精于校勘考证，当时推为通儒。著作有《恒言录》《潜研堂集》等。

他的治学态度，以实事求是为主，是乾嘉时期的重要学者。这篇《弈喻》讲述的道理，尤其能看出一代大儒的人格特质，以及善于自我省察的修养功夫。

▶弈喻

予观弈①于友人所，一客数败②，嗤③其失算，辄欲易置之④，以为不逮己也。顷之⑤，客请与予对局，予颇易之⑥。甫下数子，客已得先手。局将半，予思益苦，而客之智尚有余。竟局⑦数之，客胜予十三子。予赧⑧甚，不能出一言。后有招予观弈者，终日默坐而已。

今之学者读古人书，多訾古人之失⑨；与今人居，亦乐称人失。人固不能无失，然试易地以处，平心而度之⑩，吾果无一失乎？吾能知人之失而不能见吾之失，吾能指人之小失而不能见吾之大失。吾求吾失且不暇⑪，何暇论人哉！

---

① 弈：下棋。
② "数"败：shuò，屡次。
③ 嗤：chī，讥笑。
④ 辄欲易置之：辄，每每。易，改换。置，下棋布局、布子。
⑤ 顷之：一会儿。
⑥ 易之：轻视他。
⑦ 竟局：结束棋局。
⑧ 赧：nǎn，羞愧脸红。
⑨ 訾古人之失：訾，zī，批评、诋毁。失，缺点、过错。
⑩ 平心而度之：平心静气地推测。度，duó，推测、估计、忖度。
⑪ 不暇：没时间、来不及。暇，空闲的时间。

弈之优劣有定①也。一着之失，人皆见之，虽护前者不能讳②也。理之所在，各是其所是③，各非其所非。世无孔子，谁能定是非之真？然则人之失者未必非得④也，吾之无失者未必非大失也，而彼此相嗤，无有已时，曾观弈者之不若已⑤。

▶语译

我在朋友家看下棋，某个客人输了好几局。我笑他失算，想替他改换布局，心中以为他的棋艺不及我。不久，那客人邀我和他对弈，我相当瞧不起他。但才下了几步，那客人已占上风。棋局进行一半，我思虑得更加辛苦，但客人却还是从容不迫。下完棋，算了算棋子，那位客人赢了我十三子。我颇觉羞愧，脸红得说不出话来。之后，若有人邀我观棋，我也只是整天静坐旁观而已。

现在的读书人读古人之书，大多喜欢批评古人的错误；

---

① 有定：有一定的客观标准。
② 讳：掩盖。
③ 各是其所是：前一个"是"当动词，"以……为是"之意。
④ 非得：错误，不对。
⑤ 曾：几乎，简直。不若：不如，比不上。

他们和当代人相处，也喜欢指责别人的不是。人本来就不可能不犯错，然而试着换个立场，平心静气地忖度，自己真的没有丝毫的差错吗？自己能够知道别人的过错，却看不见自己的过错；自己能指出别人的小毛病，却反而看不见自己的大错。检讨自己的失误都来不及了，哪有时间去议论别人的过错呢？

棋艺高下有一定的标准，走错一步棋，人人都看得出来，即使想护短、不肯认输的人，也无法遮掩。这就是道理所在，人们各自认同自以为是对的，而批判他所认为是错的。这个世界上没有像孔子这样的圣人，有谁能够判定真正的是非呢？然而如此看来，我们眼中他人的过失，未必不是对的；我自认为没有错，未必不是大错。可是，世人往往相互批评讥笑，没完没了，竟然连旁观下棋的人都比不上啊。

▶我读我思

设喻取譬的说理结构

说喻类散文的特色是：透过精彩的比喻，说明精辟的道理。强硬说理往往显得枯涩无味，不太容易立刻获得认同。一旦所要陈诉的理念加上了故事导引，并提供某种情境以供参照，将能使阅听者更容易理解接受。

战国时期的思想家常常透过小故事来阐发大道理，孟子、庄子、韩非子都是个中高手。孟子的譬喻说理生动又准确，他曾以鱼与熊掌不可兼得为例，说明了舍生取义的精神价值。在面对好战的梁惠王时，特意选取战争事件为话头，说出了五十步笑百步这样的例子。

宋代苏东坡的《日喻》也是此类杰作，他在文章里说了一个盲人不识太阳的故事。盲人从没见过太阳，便向明眼人探问。有人说太阳形状像铜盘，也有人告诉他太阳像蜡烛会发光。但盲人以为敲钟（与铜盘一样扣了就有声音）就可以听见太阳，摸到钥（与蜡烛一样是长条形的）就以为摸到太阳。然而，太阳和钟、钥相差太大了，盲人却不知道它们的区别。

苏东坡或许要藉此告诉我们，追求学问、道理不能只靠别人片面的告知。轻易相信零碎的知识，了解就不可能深入，而且容易让自己显得更加无知。苏东坡的理论是："故世之言道者，或即其所见而名之，或莫之见而意之，皆求道之过也。"意思是说，谈论"道"的世人，往往就自己所看到的片面妄加定义，说这样就叫做"道"、就是真理。有的人根本没看见（理解）道是什么，只是胡乱臆测而已。这些都是追求真理时常犯的毛病。

明代方孝孺的《指喻》也是喻体名篇。《指喻》中，方孝孺先以郑君的故事作为开端：郑君本来体型健壮、气色极好，因为手指上长了小疹子，没有及时求医治疗，以致酿成大病，险些送命。方孝孺的用意在告诉我们，天下国家之大祸"常发于至微"，若不及早防微杜渐，很可能导致不可收拾的后果。特别是疲敝之余，官吏戕摩剥削，国家就更危险了。这类文章以小见大，用小故事寄托大道理。若是比喻贴切，感染力就更强了。

钱大昕这篇《弈喻》不脱设喻取譬的法则，以看人下棋作为引子，道出认识自己、省察自己的重要。

从观棋到观己

文章开头以"予观弈"为喻，诉说自己的亲身经验。在友人寓所，作者旁观他人下棋，嗤笑别人接连败阵，认为棋客不如自己。直到与那人对弈，才发现自己棋力远不如人，心里感到万分羞愧。原先高傲的他，轻视别人的下场却是"不能出一言"，这未免太狼狈了。这件事给了作者深深的打击，以致"后有招予观弈者，终日默坐而已"。他往后看人下棋，不敢再那么自以为是，而是保持静默，懂得谦逊的道理。

就文章脉络来看，"默坐而已"总结了故事与比喻，开启了下文的说理。

第二段从"今之学者"说起，直接点出了时代的通病。他们不但喜欢"訾古人之失"，也爱指责今人的过错。这些人的毛病，实在很像前一段中观弈者的样子，傲视他人，"嗤其失算"，"以为不逮己"。严格说来，第二段没有提到下棋的事，看似与第一段无法连贯。事实上却是暗自衔接，从棋局联系到做学问、立身处世的态度。

论理精确，藏有教育世人的目的

第二段里作者直言，有许多做学问的人充满偏见，读古书时非议古人，与今人相处也以批评为乐。好像只有自己想的是对的，也好像天下人里就自己的学识最了不起。这样想的人，与观棋时爱指点、爱嘲笑的人，难道不是同一类吗？

以小喻大，钱大昕的写作章法是很明确的。他从下棋说起，模拟到更复杂的人生哲理，并且站在一定的高度来看事情，凸显了一般人的局限。他说："吾能知人之失而不能见吾之失，吾能指人之小失而不能见吾之大失。"反省意味相当浓厚。

上一段写下棋，正是在为这里的议论说理加强说服力。讲故事而没正面说理的时候，理论早就暗含在事件里了。读者对此也许怀有期待，听完故事之后融入故事中，想要追究这是怎么一回事。弥足珍贵的是，作者分享了经验，让读者感到此病可能人人皆有，顿时卸下了心防，更容易接受作者的论点。他提供事件的经过，使论理有一个强大的基础，避免了空谈的疏漏。

下棋事件虽小，作者却在这个有限的范围中跳脱而出，彰显了更广泛的人生哲学。他刻意在写完下棋后宕开笔锋，另出机杼，开拓理念，或许藏有教育世人的目的。

真切反省之后才有大智慧

钱大昕的论述，总是回到自己，聚焦于自我的检讨。如此写来，自可避免读者的反感排斥，从而依循作者的心态自问："吾果无一失乎？"生而为人，孰能无过？透过反诘，钱大昕加深了自省的意味，也提供读者反思的空间。文章里对自己的质问，同时也是一种提醒，让读者想想如何审己、如何度人，如何保持公正客观。

只有"易地以处，平心而度之"，才能更接近真理，避免偏见造成失误。若是世人"各是其所是，各非其所非"，自以为是、固执己见，世间的纷扰就难以收拾了。于是，他相当尖锐地逼问自己："吾求吾失且不暇，何暇论人哉！"

如此说来，人总是囿于己见，欠缺自知之明。检讨自己的过失尚且来不及了，哪来时间去非议他人呢？得失之间，也总是难说。能发现自我的过失，因而从善改正，谁说不是一大收获？所以他接下来论证："人之失者未必非得也，吾之无失者未必非大失也。"得失是非反复辩证，不仅加深了文意，也为文章的结尾营造了余味。

▶以古观今

当局者的迷惘

当局者迷，旁观者清。挑剔别人很容易，检讨自己却是如此困难。文章最后两句点明，那些喜欢相互嗤笑的知识分子，竟是连观棋者都比不上的。

钱大昕借事说理，设喻辩证，层层逼近主旨。他的论述由小到大，文意层次分明，逐步加深。结尾的"曾观弈者之不若已"，呼应第一段观棋之事，首尾相扣，结构相当严谨。

"见吾之失""见吾之大失"说起来容易，实践起来却是相当困难。《论语》中，孔子说："躬自厚而薄责于人，则远怨矣！"大意是自己犯了过错要深切反省，但不要苛责他人的错误，这样自然就会远离怨恨了。君子反求诸己，时时内省，学问品德才能有所进展。钱大昕藉由生活事件道出了为人治学的准则，提醒了我们自见之难。

"满招损，谦受益。"或许唯有先看见自己的局限，才有机会发现局限中的更多可能。

明辨与判断

——《朋党论（节选）》 宋·欧阳修

▶一代文宗欧阳修

欧阳修（1007—1072年），字永叔，号醉翁，晚号六一居士，谥号文忠，世称欧阳文忠公。北宋吉州永丰（今江西吉安）人。宋仁宗时，他担任知制诰、翰林学士。英宗时，官至枢密副使、参知政事。神宗时，为兵部尚书，以太子少师致仕。政治和文学方面，他都主张革新，既是北宋政坛的重要人物，也是当时文坛领袖，领导了诗文革新运动。他珍惜人才，提拔后进不遗余力，苏轼父子及曾巩皆受到他的赏识。

他的创作可说是全方位的，诗、词、散文、学术都是一时之冠。散文写作方面，有说理畅达的，也有抒情细腻的。诗作流畅自然、雍容谐美。词作清丽婉约，有南唐余风。史学方面，与宋祁合修《新唐书》，独撰《新五代史》。他的《六一诗话》为评论诗歌之作，开创了诗话这种文学批评形式。他也喜欢收集金石文字，编有《集古录》，保存了大量珍贵资料。后人编有《欧阳文忠公集》。

▶朋党论（节选）

臣闻朋党之说，自古有之，惟幸①人君辨其君子小人而已。大凡君子与君子以同道②为朋；小人与小人以同利为朋。此自然之理也。

然臣谓小人无朋，惟君子则有之。其故何哉？小人所好者禄利也，所贪者财货也。当其同利之时，暂相党引③以为朋者，伪也；及其见利而争先，或利尽而交疏，则反相贼害④，虽其兄弟亲戚，不能相保。故臣谓小人无朋，其暂为朋者，伪也。君子则不然。所守者道义，所行者忠信，所惜者名节⑤。

---

① 惟幸：只希望。惟，只。幸，希望。
② 同道：道义相同。
③ 党引：结党相互援引。
④ 贼害：伤害。贼，伤害。
⑤ 名节：名声节操。

以之修身，则同道而相益；以之事国，则同心而共济①；终始如一，此君子之朋也。故为人君者，但当退小人之伪朋，用君子之真朋，则天下治矣。

▶语译

臣听说关于朋党的说法，从古代就有了，只是希望人君能够分辨清楚他们是君子还是小人而已。大致说来，君子和君子是因为道义相合而结朋，小人和小人则是因为利益相同而结交，这是很自然的道理。

然而，臣以为小人没有朋，只有君子才有。这是什么缘故呢？小人所爱的是利禄，所贪图的是钱财。当他们利益相同的时候，暂时相互牵引勾结，成为朋友，这是假的。等到他们看见利益了便相互争夺，或者利益消失后便彼此疏远，甚至反过来伤害对方，即使是兄弟亲戚这么亲近的人，也不能互相保全。所以臣说小人没有朋，他们暂时结为朋党，都是假的。君子就不是这样了。他们坚持的是道义，奉行的是忠信，爱惜的是名节，用这些原则来修养自身，因为志同道

————————————
① 济：帮助、扶持。

合而互相帮助；用这些原则来为国家做事，就会同心协力互相支持，始终如一。这就是君子的朋。所以身为君主的人，只应该斥退小人的假朋，进用君子的真朋，那么天下就可以太平了。

▶ **我读我思**

苦学出身，耿介磊落

欧阳修四岁丧父，因为家贫无力延师，母亲郑氏以荻画地，教他识字。这就是"画荻教子"这个成语的由来。他热爱读书，常常借书抄读，刻苦自励。当他读到韩愈《昌黎先生文集》，雅爱其文，便以他为师法的对象，这也为日后北宋诗文革新运动埋下种子。唐代古文运动未竟全功，终于在欧阳修的倡导之下开花结果。

仁宗天圣八年（1030年），欧阳修中进士。他为人正直敢言，在朝廷中与有识之士提出各种改革主张，力图挽救逐渐衰颓的国势。北宋建立七十余年，外交与内政都产生危机。辽与西夏不断进犯，北方烽火连连。内政方面则因统治集团腐败，造成许多社会问题。景祐三年（1036年），改革派代表人物范仲淹献《百官图》，上疏指责时政、批判权贵，惹怒了宰相吕夷简，被贬到饶州。欧阳修支持范仲淹的主张，结果也被逐出京师。

在这次政治斗争中，欧阳修受到无情的打击。朝廷接受吕夷简的奏议，以"朋党"警戒朝臣，禁止百官越职言事，宋朝的党争就此展开序幕。范仲淹、欧阳修等人相继贬官，他们被保守派贴上朋党的标签，必欲除之而后快。宋仁宗在宝元元年（1038年），甚至下了戒朋党的诏书。后来的对外战争中，西夏大败宋军，仁宗解除越职言事之禁令，重新起用范仲淹、尹洙等人抵御西夏，欧阳修也重回京师。

庆历新政

庆历三年（1043年），范仲淹、韩琦、富弼等人推行政治革新，被称为"庆历新政"，欧阳修亦参与其中。这项革新运动，针对吏治、军事、贡举法提出改革方案，影响既得利益者甚巨。吕夷简虽然已被免职，但在朝中还有势力。守旧派为了反对改革，便以"党人"为名，攻击范仲淹、欧阳修。庆历四年（1044年），欧阳修当时担任谏官，在谏院向宋仁宗进了这一篇《朋党论》。《朋党论》一名为《朋党议》，用意在回击守旧派的攻讦，并且坚定地陈述自己的意见。

在革新派与保守派的斗争中，新政影响了守旧派利益，遭到强烈的反对与打击。仁宗皇帝最后还是倾向于守旧路线，革新运动力量渐弱。庆历五年（1045年），范仲淹、韩琦、富弼、杜衍相继被贬，新政宣告失败。此时欧阳修挺身而出，上疏分辩，说此数人一旦罢去，群邪便会相贺于内，敌国则相贺于外。他的举动遭到忌恨，也让仁宗颇为不悦。欧阳修的外甥女张氏犯法，对方阵营于是构陷罗织，意欲将他入罪。虽然"辨无所验"，欧阳修还是免不了被贬谪的命运。他被贬为滁州（今安徽滁县）太守，后来又改任扬州、颍州（今安徽阜阳）、留守应天府（今河南商丘）。

说理周延的《朋党论》

欧阳修的散文向来雍容大度、从容和谐，《醉翁亭记》《秋声赋》一类作品，充满文情、声情之美，艺术价值极高。除此之外，欧阳修的论述也颇有可观，从他诸多历史评论可以看出分析论证能力深厚。《朋党论》推论精确、义正词严，呈现了相当强大的说服力。这篇文章主旨明确，先确定写作基调，定义君子之朋与小人之朋，然后援引史实印证，确认所论所述皆有依据，于是本文成为欧阳修议论之名篇。

本文重要论点是在辨别差异，确切地指出君子之朋、小人之朋不同，具有本质上的差异。于是他期待君主亲近贤臣、远离小人，以增进国家整体之利益。敌对阵营帮他扣上朋党的帽子，于是他直接针对议题展开驳论。这里节选的，即是他文章中的第一部分。

针对事实立论

君主下诏禁止臣下结为朋党，目的是为了避免利益勾结，以致危害国家社稷。于是欧阳修的论述中，一开始就阐明了"朋党之说，自古有之"。他不回避历史上已经发生的事，而是真诚地面对人性，坦承结交之必然。我们也就无法否认，寻求同类的呼应乃是天性使然。只不过，欧阳修更想要说的是，君子与小人最根本的差异，让结交的后果明显不同。

从政治的角度看来，君子之交是因为道义的契合，小人之交则是因为利益的追逐。所以他笔锋层层逼进，陈述君子有朋，小人其实无朋。这远远超越了古代的朋党论述，产生了时代的意义。欧阳修的说法暗暗扣紧了《论语》中说的："君子喻于义，小人喻于利。"在他之前，孟子已经顺着这个论述脉络明辨义利，说明君子是该当要舍生取义的。欧阳修不会不明白义利的区隔，于是从"道"与"利"的取舍区分君子与小人。

定义自我，同时批驳谬论

君子与小人的差异，正是欧阳修朋党论述的核心。君子之交才是真朋，小人之交则是伪朋。《论语》里头，孔子说："君子周而不比，小人比而不周。"又说："君子和而不同，小人同而不和。"意思是君子与人交往，周到圆融、和谐共处。小人与人相待，则往往朋比为奸、追求共同利益。欧阳修的论点，继承了儒家的学说，而进一步落实在政治事务上。

他最真切的期望是："为人君者，但当退小人之伪朋，用君子之真朋，则天下治矣。"当国君可以退斥小人之朋，进用君子之朋，天下就可以太平了。就文意上看来，欧阳修以君子自命，对君子的定义正是在自我定义。定义自我的同时，也就给了奸邪者最强劲的驳斥。别人污蔑于他的，他用最诚实的方式响应，表明了自己的心志。

范仲淹曾对宋仁宗说过："方以类聚，物以群分，自古以来，邪正在朝，未尝不各为一党，不可禁也，在圣上鉴辨之耳。"范仲淹请皇上明察，物以类聚是必然的，而朝廷中正邪有别、各为一党。欧阳修《朋党论》的说法，与范仲淹相当类似。

事实证明一切

要让议论能够服人，必须举出实证。

事实证明一切，欧阳修在文章的后半段以铺陈事件作为论据。他说，唐尧的时代，小人共工、驩兜等四人同群，君子八元、八恺等十六人结交。舜辅佐尧，斥退了四凶的小人朋党，进用元、恺这些君子，尧的天下因此大治。舜自己做天子之际，皋陶、夔、稷、契等二十二人列位于朝廷，互相赞美谦让，这二十二个人合为一群，舜的天下也治理得相当好。

除此，欧阳修引述《尚书》上说的："纣王有亿万名大臣，臣子们有亿万颗心。周有三千名大臣，他们却只有一条心。"纣王亡国、周武王兴盛，从用人可以看出端倪。后汉献帝时，逮捕囚禁全天下的名士，把他们看作同党之人。等到黄巾，汉朝社会大乱，才后悔觉醒，释放所有党人，然而国家局势已经无可救药。唐朝末年，有了朋党的争论，唐昭宗几乎杀光朝廷名士，把他们丢到黄河里，甚至说："这些人自命清高，可以把他们丢到浊流里。"如此，唐朝也就随之灭亡了。

历史的意义之一，就是让人警惕

《朋党论》列举纣王、汉献帝、唐昭宗之事，与尧、舜、周武王相互对映，说明贤君的判断才是关键。欧阳修提出的结论是："治乱兴亡之，为人君者可以鉴矣。"古代人们经历过的，正是当下的借鉴。他非常精准地暗示，宋仁宗应该有纳谏的雅量，"用君子之真朋，退小人之伪朋"，才能让国家强盛。

欧阳修不讳言朋党，但也不帮自己过度辩解。他的论述核心是："君子与君子以同道为朋，小人与小人以同利为朋"，小人之朋有害国家，希望国君"进君子之真朋，去小人之伪朋"。欧阳修的写作理论强调：事信（内容真实）、意新（具有新意）、理通（理路通畅）、语工（具有文采）。这篇文章正是最好的印证。

▶ 以古观今

议论的写作要诀

夏丏尊、叶绍钧《跟大师学语文：文话七十二讲》提到："凡是议论，都有敌论者，立论的敌论者范围很广泛，并没有特定的对象，驳论的敌论者是有特定的对象的。作者为了对于某人的某一判断觉得不以为然，这才反驳他。所以就大体说，立论是对于一般世间判断的抗议，驳论是对于某一人（或某一团体）的判断的抗议。"由此看来，议论必须能立、能破，能立指的是说理能站得住脚，能破则是可以破除成见偏见。

这篇《朋党论》可以说是极为高明的议论作品。欧阳修先确立理论，然后详细引述史料作为验证。借古喻今之意相当明显，他要争的不是利益，而是最根本的是非。唯有立场超然了，一切虚妄的假象才能洞若观火。

善用历史知识，提出精确批判

——《辨奸论（节选）》 宋·苏洵

▶辨奸论（节选）

事有必至，理有固然。惟天下之静者，乃能见微而知著①。月晕而风，础润而雨②，人人知之。人事之推移③，理势之相因④，其疏阔⑤而难知，变化而不可测者，孰与⑥天地阴阳之事。而贤者有不知，其故何也？好恶乱其中，而利害夺其外也！

---

① 见微而知著：看到细微的迹象，就能推测发展的结果。
② 月晕而风，础润而雨：月亮四周出现光晕，不久就会起风。柱下石墩湿润，很快就要下雨。
③ 推移：变化。
④ 理势：情势。相因：因循，变化。
⑤ 疏阔：疏远迂阔。
⑥ 孰与：哪能比得上？

……（中略）

凡事之不近人情者，鲜不为大奸慝[1]，竖刁、易牙、开方[2]是也。以盖世之名，而济[3]其未形之患。虽有愿治之主，好贤之相，犹将举而用之。则其为天下患，必然而无疑者，非特二子[4]之比也。

孙子曰："善用兵者，无赫赫[5]之功。"使斯人而不用也，则吾言为过，而斯人有不遇之叹。孰知祸之至于此哉？不然。天下将被[6]其祸，而吾获知言之名，悲夫！

▶语译

事情有必然的结果，道理有不变的原则。天下只有冷静的人，才能一看到细微迹象就预知它的发展与结果。月亮四周产生光气就将要刮风，柱下石墩潮湿就将要下雨，这是人人皆

---

① 奸慝：奸邪、邪恶。慝，tè，邪恶。
② 竖刁、易牙、开方：春秋时代齐桓公的三个近臣。
③ 济：促成。
④ 二子：指王衍、卢杞。王衍，西晋人，官至司徒。为人喜好清谈，不喜欢参与实质政事，并以求自保为首要，后世指责他"清谈误国"，应为西晋覆亡承担一些责任。卢杞，唐朝建中御史大夫，有口才，但为人狡诈忌贤。
⑤ 赫赫：盛大的样子。
⑥ 被：遭受。

知的事。可是人事的变化、情势的因循，在于它们疏远迂阔而难以了解，变化多端而不可揣测，这哪里比得上天地阴阳的事，然而贤能的人也有所不知，这是为什么呢？这是因为好恶扰乱了他们的内心，利害改变了他们的外在行为啊。

大凡做事不近人情的人，很少不是奸邪的坏人，像竖刁、易牙、开方就是这样的人。以他盖世的名声，去引动还未发生的祸害，即使有希望好好治国的明君，也有喜欢任用贤能的良相，尚且还将要提拔他、任用他，那么他往后给天下带来祸患，是必然无疑的，这就不是王衍、卢杞两人所比得上的了。

《孙子兵法》说；"善于用兵的将领，没有显赫的功劳。"假使这个人不被重用，那么别人会认为我的话说错了，而这个人会有怀才不遇的感叹，谁也无法知道他的祸害竟会到这种地步。如果不是这样，他一旦被重用了，那么天下将蒙受他带来的祸害，而我反倒获得知言善论的名声，这才是真正的悲哀呀！

▶ **我读我思**

议论要周延，须先掌握事理的必然

苏洵的笔锋老练，说理气势强劲，在《辨奸论》中可以看出。一般而言，《辨奸论》被认为是苏洵针对王安石而写的。但也有人（如清代的李绂）怀疑，这篇文章并非出于苏洵之手。或许有人假托苏洵之名，写作此文以攻击王安石也说不定。关于作者的考证，众说纷纭，未有定论，这个问题在此姑且不谈。为了方便称说，还是将此文作者标示为苏洵。

文章的第一段里，以"知"字为核心展开推论。他指出，真正睿智的人，往往可以洞烛先机，展现出先见之明。就自然天象而言，能够明白事理的必然，就可以见微知著。可是在人事方面，贤能的人之所以无法掌握真知灼见，是因为个人心中好恶、外在利益扰动了他的判断。如果对于人情、人事的判断发生错误，那将要带来多大的灾祸呢？

《辨奸论》一文，标题明确，主旨在于辨析忠奸，并提出对奸慝邪恶之徒的见解。苏洵开门见山破题，先论再述。议论要周延，须先掌握事理的必然。透过清晰的论述，他想要警醒世人，千万不要局限于一己之私，被个人的好恶、利害所左右，失去理性判断的能力。

知古与鉴今

在《辨奸论》中，首段论述之后，紧接着铺陈事实的根据（引文中省略的段落）。读书范围甚广的苏洵，举出历史事件作为论述的张本、现况的对照——从前山巨源（山涛，字巨源，竹林七贤之一）看到王衍便说："将来危害天下百姓的，一定是这个人。"郭子仪生病时，卢杞来探视。郭子仪见他时先屏退侍妾，有人问这是为什么。郭子仪说卢杞这个人貌陋心险，家中妇人见到他的样貌一定会忍不住笑出来。当这个人心中充满忌恨，一旦得志身居高位，我的子孙便没有能存活下来的了。"所以照道理来说，上述状况确实不难揣测、不难预见。

依苏洵看来，王衍的为人、容貌、言谈，固然有可以欺世盗名之处，但他不忮不求（不忌害、不贪求），不过随世俗浮沉上下而已，终不至于成为大祸害。假使晋朝没有蠢笨的惠帝，只有中等才智的国君，就算有千百个王衍，又如何能扰乱天下？卢杞阴险贪婪，固然足以败乱国家，可是他不读书、没文采，容貌不足以让人动心，言语不足以迷惑世人。如果不是唐德宗太过鄙陋昏庸，又怎会任用他呢？所以山涛、郭子仪二公对王、卢两人的论断，或许也未必准确啊。

这里引证古人古事，除了呼应前段，也是为了铺垫后文，更深入地陈述理念。在后续的文章中，苏洵把眼光从古代拉回到他所处的当代，意有所指地批判——现在有这样一个人，口里说着孔子、老子的话，亲身实践伯夷、叔齐隐居高洁的志行，并且收罗爱出名的士子以及不得意的人，一起捏造谎言，私下取了好听的名号，以为自己是颜回、孟子再世。这种人的阴险狠辣，又和别人志趣不同，这等于是把王衍和卢杞的性格合并在同一个人身上。他引起的祸害，哪说得完啊？

所有的判断，必须出于人之情常

引证史实，非常地效率地扩张了文气，也将事件导入更细致的论述。举证确立之后，苏洵要进一步揭露他所见的怪现状。苏洵的观点，紧扣着人之常情来说。那些不符合人之常情的怪异现象，必须详加审视，谨慎对待。当我们提出论点的时候，如果没有对人之常情的理解，那样的论述很容易失之偏颇，甚至显得荒谬可笑。唯有立足于人之情常，掌握了最真实的人性，才有可能写出立场客观、持理平正的好文章。

就苏洵的想法看来，一般人脸上有了污垢不会忘记洗掉，衣服脏了不会忘记洗干净，这就是人之常情。可是现在他要批判的对象却不然，表现出来的样子完全不像一个正常人："衣臣虏之衣，食犬彘之食，囚首丧面，而谈诗书，此岂其情也哉？"意思是这个人身上穿着囚犯穿的衣服，嘴里吃着猪狗吃的东西，像囚犯那样披头散发，脸面脏污就像居丧的人。而他这模样却还能大谈诗书，这哪里是人之常情啊？

没有指名道姓，直斥奸邪小人

根据苏洵提出的观点，我们不免产生怀疑：一个人不近人情，所作所为逾越人情常轨，他还能算是个人吗？苏洵将他的概念与历史人物相连结："凡事之不近人情者，鲜不为大奸慝，竖刁、易牙、开方是也。"春秋时代的齐国，竖刁自阉为太监以接近桓公，后来深受宠爱。易牙厨艺精湛，为了讨好国君，不惜烹杀自己的儿子做成菜肴给齐桓公吃。开方则是放弃自己在卫国的地位，到齐国去任职。管仲早就提到过，这三个人都不是正常人，所作所为不合乎人之常情。

苏洵深入议题的核心：不近人情者，很少有不成为大奸大恶之徒的。他以三个大奸臣为例，验证了那些不正常的人终究是社会的大祸害。至此，我们或许要问：什么才是正常？什么才是人之常情？然而这并不是苏洵所要深论的重点，在他看来，人之常情不证自明，而且应该已经成为当时人们的共识。

针对现实，痛下针砭

谈了那么多史实，讲了那么精辟的道理，无非要让读者深思，问题的症结何在？这篇文章提出了沉重的反省："以盖世之名，而济其未形之患，虽有愿治之主，好贤之相，犹将举而用之，则其为天下患，必然而无疑者，非特二子之比也。"无庸置疑地，一个怪异不合人之常情的人，如果暴得大名又被重用，那么将造成国家之患。这样的人带来的灾难，就远非王衍、卢杞比得上的了。

作者在此将论题拉回现实，意欲给执政者提出警告。他似乎有所指涉，让文意因此有了对号入座的空间，但却也没有把话说死，为自己也为他人保留了余地。如果苏洵原先有预设的、特定的批判对象，这样的写法反倒更周详，不仅可将矛头对准了不特定的奸邪小人，也呼吁在上位者运用理智、明辨是非奸邪。这也呼应了文章开头，劝喻当权者不要昧于个人好恶与利益，才能免于做出不知（智）之举，才能屏退小人、避免祸端。

感慨收尾，情理俱足

文章的最后，引用《孙子兵法》中的名言："善用兵者，无赫赫之功。"更显得自己的推论有凭有据。苏洵提出了洞见，分辨、厘清奸慝者的特质。他很敏锐地看出，人类总是在做出错误决定之后，才明白自己的选择是错的。所以他最后一段以"祸"为核心，提出非常感伤的假设："使斯人而不用也，则吾言为过，而斯人有不遇之叹，孰知祸之至于此哉！不然，天下将被其祸，而吾获知言之名，悲夫！"

我想，作者宁愿奸邪之人不被任用因而有怀才不遇之感，那么作者的推论将会被认为是说错了。他最不愿意看到的是，一切都被他言中，奸慝当道导致国家遭逢大祸，即使获致睿智知言的美名，一定也会感到相当悲伤。

▶以古观今

掌握材料，充分阐发申论

要讨论道理，除了思路清晰、逻辑严谨，还需要有适切的材料作为辅助，让论点有支撑。从苏洵《辨奸论》中可以看出，他的推论能力自属上乘，首尾的链接呼应尤其可以显示他明辨判断功力之高。从这篇文章，也让我们明白，作者并非无根空谈，而是广泛吸收历史知识，转换为自己写作的材料。如此，议论才更见深度与广度，使读者折服。

评价人物，立意新奇

——《贾谊论（节选）》 宋·苏轼

▶贾谊论（节选）

　　非才之难，所以自用者实难。惜乎！贾生①，王者之佐，而不能自用其才也。

　　夫君子之所取者②远，则必有所待；所就者③大，则必有所忍。古之贤人，皆负可致④之才，而卒⑤不能行其万一者，未必

----

① 贾生：贾谊（前200—前168年），西汉洛阳人。他主张"改正朔、易服色、制法度、兴礼乐"，文帝欲任用他为公卿，却遭人诋毁，出为长沙王太傅。后来迁为梁怀王太傅，怀王堕马而死，贾谊自伤失职，抑郁以终。世人称之为"贾太傅""贾长沙"，又称"贾生"。著有《新书》《贾长沙集》。
② 所取者：想要求取的目标。
③ 所就者：想要成就的事功。
④ 致：达成、达到。
⑤ 卒：最后、最终。

皆其时君之罪，或者其自取也。

……夫谋之一不见用，则安知终不复用也？不知默默以待其变，而自残至此。呜呼！贾生志大而量小，才有余而识不足也。

古之人，有高世之才，必有遗俗之累①。是故非聪明睿智不惑之主，则不能全其用。古今称苻坚得王猛②于草茅③之中，一朝尽斥去其旧臣，而与之谋。彼其匹夫④略有天下之半⑤，其以此哉！愚深悲生之志，故备论之。亦使人君得如贾生之臣，则知其有狷介⑥之操，一不见用，则忧伤病沮⑦，不能复振。而为贾生者，亦谨其所发⑧哉！

▶语译

一个人要具有才学并不困难，如何善用才学实现抱负，

---

① 遗俗之累：不合时宜的毛病。累，毛病。
② 苻坚得王猛：苻坚，十六国前秦国君。王猛，字景略，隐居于华山，应苻坚之征召，出为中书侍郎。
③ 草茅：乡野。
④ 匹夫：普通人、凡夫俗子。指苻坚。
⑤ 略有天下之半：苻坚消灭前燕、前梁等国，与东晋对峙。略，夺取。
⑥ 狷介：孤高耿介，不同于流俗。
⑦ 病沮：困顿失意。
⑧ 谨其所发：谨慎地自用其才。发，及上文之"自用"，有立身行事之意。

才是真正的困难。真可惜啊，贾生是一个辅佐帝王的人才，却不能好好施展才学。大凡有道德学问的君子，他想要完成高远的目标，就必须有耐心地等待；他想要成就伟大的事功，那就必须有度量地忍耐。古代的贤人，都有建功立业的才学，但有些人到最后连万分之一的才能都不能施展的原因，未必都是当时君主的过失，或者竟是他自己造成的后果呢。

……

他的谋略一次不被采用，怎知以后永远不被采用呢？他不懂得默默等待情势变化，却自我摧残到这种地步。唉，贾谊真是志向远大而器量狭小，才能有余却见识不足呀。

古时候，凡是才学出类拔萃的人，必定有不合时宜的毛病。所以如果没有遇到聪明通达的君主，就不能提供他发挥本领的机会。从古到今，大家都称赞苻坚从草野之中提拔了王猛，一天之内就黜退所有旧臣，而只和王猛商议国事。那苻坚不过是一个平常人，竟能占据一半的天下，大概就是因为这个缘故吧。

我深深悲怜贾生有志难伸，所以对此详细析论。同时也为了想让君主明白，如果得到像贾谊那样的臣子，就应该理解这样的人具有耿介自持的情操，一旦未被重用，便会忧愁悲伤、沮丧失意，无法再振作。至于像贾生这样的人，也得更加谨慎地立身行事啊。

▶我读我思

作文考试的绝佳范例

宋仁宗嘉祐六年（1061年），苏轼应制科考试献二十五篇"进论"，《贾谊论》与《韩非论》《留侯论》《晁错论》都是其中重要的名篇。这一系列作品，呈现了苏轼年轻时的见识与思考，每一篇文章各有论述的要旨，当然也各有局限。

苏轼晚年在《答李端叔书》中提到："轼少年时，读书作文，专为应举而已。既及进士第，贪得不已，又举制策，其实何所有。""妄论利害，搀说得失，此正制科人习气。"意思是早年读书作文，专只为了应合科举考试。到了中进士之后，又写了一系列的策论，其实那些文章哪有什么呢？不过是妄加论述，搀说历史得失，这种行文方式也正是参加科举考试者的习气。苏轼这么说，除了是自省，同时也是自谦之词。

就考试作文来说，《贾谊论》与《韩非论》《留侯论》这些作品毕竟还是属于上乘之作。苏东坡这一系列文章，正可看作是考试作文的绝佳范例。才华横溢的他，展现了过人的论述功力。这些文章不仅目的明确、焦点集中、思路清晰，更重要的是能够透过反复申论辩证，提出自己独特的见解。在立意取材上，他放弃了那些人云亦云的陈腔滥调，另辟可以议论的空间，文章气势十足。就组织结构上来说，他破题明快，毫不拖泥带水。议论必定夹带史料与事证，充满说服力。呈现事件之后，也必然指出问题的核心，回扣自己的论点。

才气纵横却悲剧生命的贾谊

关于贾谊的生平，《史记·屈原贾生列传》有详细记载。贾谊才气纵横却不幸早死，让历代许多作家有感而发。晚唐李商隐的七言绝句《贾生》是这么写的："宣室求贤访逐臣，贾生才调更无伦。可怜夜半虚前席，不问苍生问鬼神。"这首诗指出，汉文帝访求贤才，召见被流放在外的贾谊。在当朝群臣中，贾谊的才华最高，无与伦比。最可叹的是汉文帝在半夜接见贾谊，因为刚举行过祭祀，只问起鬼神之事，反而不问民生疾苦。

李商隐诗中写出怀才不遇的贾谊，产生无尽的慨叹，大抵有借古讽今、以彼喻己的意味。唐朝后期发生牛李党争，李商隐卷入这场是非之中，仕途并不顺利。此诗表面上是在怜惜贾谊，或许也是在抒发自己才华无处发挥的忧郁。

纵观贾谊的一生，他的遭遇确实值得同情。根据《史记》的记述，洛阳人贾谊十八岁时便博通诸子百家之书，以文章名震郡中。当时的河南太守吴公非常欣赏贾谊，将他召至门下。后来文帝征吴公为廷尉，吴廷尉便向文帝推荐贾谊。贾谊被召入朝，立为博士。一年之内，又破格晋升为太中大夫。年仅二十出头的贾谊，可说是少年得志。

文帝重视贾谊的主张，想让他任公卿之位。当朝重臣如周勃、灌婴、东阳侯张敬如、冯敬等人群起反对，批评贾谊"年少初学，专欲擅权，纷乱诸事"。汉文帝因此让他去当长沙王太傅。（许多学者认为贾谊被贬谪，不过也有学者以为汉文帝是为了保护贾谊，让他暂时离开京城这个是非之地。）猛遭政治挫折的贾谊，被贬到当时算是偏远之地的长沙，心情相当苦闷。渡过湘江时，把自己的遭遇与屈原相比，写下了他的知名作品《吊屈原赋》。难怪司马迁的《史记》里，会把屈原、贾谊放在同一篇来相提并论。

在长沙王太傅任内，贾谊见鸮鸟（恶鸟）飞入屋内，自以为寿命不长，内心伤悼。传说此鸟飞入家中为不祥之兆，贾谊于是写下《鹏鸟赋》，谈论天道人事之变化，企图以道家的超越与达观，消解人生的烦忧，使精神得以自由。后来贾谊被征见，文帝与他夜半对话，即是李商隐诗作所论之事。过不多久，贾谊转任文帝爱子梁怀王的太傅。几年后，怀王坠马而死，而且无后。贾谊自伤无状，哭泣岁余而去世，年仅三十三岁。

在政治事务方面，贾谊见识不凡，他主张削弱诸侯势力，巩固中央，并且强调施行仁义，稳定天下。对外要抗击匈奴，对内要重农储粟。从《过秦论》《治安策》《论积贮疏》这些重要论述，就可以看出他的见识与才能。若是他的政策能够排除困难、顺利推展，汉朝的国力当可富强。苏东坡这篇《贾谊论》，主旨就是在论述贾谊生命悲剧的本质。

性格决定命运，这句话在贾谊身上得到最好的印证。

《贾谊论》开篇直截了当地说："非才之难，所以自用者实难。"苏东坡用这句话作为核心概念，统领全文，完整地论述人才如何自处的问题。贾谊有远大的目标，想要成就伟大的功业，到最后却落得一场空。就一般人的观点，会将贾谊的不得志归咎于汉文帝，认为汉文帝没有重用人才。苏东坡在此提出一个独特的观点，认为贾谊本身的态度才是问题的症结。贾谊"不能自用其才"，不能"忍"、不能"待"，导致悲剧的发生。

以性格谈人生悲剧

苏东坡相当肯定贾谊的政治主张，认为贾谊的才华若能施展，即使夏、商、周三代的政治成就也无法超过他的设想。苏东坡的举证铿锵有力：孔子周游列国，只要不是极端无道的国家，他都想要勉力扶持，希望有一天能实践他的政治理想。孟子离开齐国时，在昼地停留了三夜才走，还说："齐宣王或许会召我回去的。"孟子对公孙丑说："当今世界上，除了我还有谁能治国平天下呢？"相较之下，像贾谊这样的人，并非汉文帝不重用他，而是贾谊不能利用汉文帝来施展政治抱负啊。

就汉初政治现实来分析，周勃、灌婴曾决定过吕、刘两家胜败的命运，他们又都是汉高祖的旧部。他们君臣遇合的深厚情分，哪是父子骨肉的感情所能比拟的？贾谊不过是洛阳青年，想让汉文帝立刻弃旧谋新，实在是太难了。贾谊应该努力取得皇帝信任，获得大臣支持。如果跟周勃、灌婴这些大臣打好关系，天子没有疑虑，大臣不会忌恨，这样就可以照自己的意思治理国家。不出十年，就可以实现理想。像贾谊那样感伤哭泣，短命早死，实在是个不善于面对逆境的人。

既然是以性格来谈人生悲剧，苏轼明白指出贾谊的个性缺陷："志大而量小，才有余而识不足。"就因为贾谊有这样的毛病，于是注定他无法沉潜等待。这里呼应了首段，志向要远大、才学要累积，这些都不难做到。难的是具备恢弘的器量与高远的见识，在最适当的时机发挥才干、实践理想。

苏轼阐释贾谊的悲剧，诉诸于性格，当然言之成理。但也有人以为，苏轼忽略了时代背景，低估了权贵旧臣连手斗争贾谊这个因素。如此立论，或许会失之偏颇。

文章的最后，苏东坡的推论愈见精彩。他就君臣两方面分别论述，明君必须有识人之能，贤臣则要忍受逆境、等待时机。杰出的人才往往有遗俗之累，唯有聪明睿智的君主才能用这样的人才。才气高的人难免狷介不群、意气用事，国君得要清楚地辨别他是否为真正的人才。至于拥有高才的人，最忌像贾谊那样，器量见识不足，无法忍耐与等待，徒然辜负自己的天分，那是多么可惜啊。苏东坡怜惜贾谊不善用才，或许正是因为深爱其才。爱之深而责之切，这篇文章在通透的说理之外，更多了几分真挚动人的感情。

▶以古观今

考试作文不作泛泛之论，令人耳目一新

苏东坡应制举的系列进论，处处显露了才气与锋芒。他用字遣词极为精确，重视篇章结构，每一篇的立论都力求推翻定见，提出精辟的价值判断。因为年轻，难免气盛。或许也因为这股气势，使得苏东坡的考试作文没有泛泛之论，令人耳目一新。

附录

古文原文

方山子传

宋·苏轼

　　方山子，光、黄间隐人也。少时慕朱家、郭解为人，同里之侠皆宗之。稍壮，折节读书，欲以此驰骋当世，然终不遇。晚乃遁于光、黄间，曰岐亭。庵居蔬食，不与世相闻。弃车马，毁冠服，徒步往来山中，人莫识也。见其所著帽，方耸而高，曰："此岂古方山冠之遗像乎？"因谓之方山子。

　　余谪居于黄，过岐亭，适见焉。曰："呜呼！此吾故人陈慥季常也。何为而在此？"方山子亦矍然，问余所以至此者。余告之故。俯而不答，仰而笑，呼余宿其家。环堵萧然，而妻子奴婢皆有自得之意。余既耸然异之。

独念方山子少时，使酒好剑，用财如粪土。前十有九年，余在岐山，见方山子从两骑，挟二矢，游西山。鹊起于前，使骑逐而射之，不获。方山子怒马独出，一发得之。因与余马上论用兵及古今成败，自谓一世豪士。今几日耳，精悍之色，犹见于眉间，而岂山中之人哉？

然方山子世有勋阀，当得官，使从事于其间，今已显闻。而其家在洛阳，园宅壮丽，与公侯等。河北有田，岁得帛千匹，亦足以富乐。皆弃不取，独来穷山中，此岂无得而然哉？

余闻光、黄间多异人，往往阳狂垢污，不可得而见。方山子傥见之欤？

西湖七月半

明·张岱

西湖七月半，一无可看，止可看看七月半之人。看七月半之人，以五类看之。其一，楼船箫鼓，峨冠盛筵，灯火优傒，声光相乱，名为看月而实不见月者，看之。其一，亦船亦楼，名娃闺秀，携及童娈，笑啼杂之，环坐露台，左右盼望，身在月下而实不看月者，看之。其一，亦船亦声歌，名妓闲僧，浅斟低唱，弱管轻丝，竹肉相发，亦在月下，亦看月，而欲人看其看月者，看之。其一，不舟不车，不衫不帻，酒醉饭饱，呼群三五，跻入人丛，昭庆、断桥，嘄呼嘈杂，装假醉，唱无腔曲，月亦看，看月者亦看，不看月者亦看，而实无一看者，看之。其一，小船轻幌，净几暖炉，茶铛旋煮，素瓷静递，好友佳人，邀月同坐，或匿影树下，或逃嚣里湖，看月而人不见其看月之态，亦不作意看月者，看之。

杭人游湖，巳出酉归，避月如仇。是夕好名，逐队争出，多犒门军酒钱，轿夫擎燎，列俟岸上。一入舟，速舟子急放断桥，赶入胜会。以故二鼓以前，人声鼓吹，如沸如撼，如魇如呓，如聋如哑。大船小船一齐凑岸，一无所见，止见篙击篙，舟触舟，肩摩肩，面看面而已。少刻兴尽，官府席散，皂隶喝道去。轿夫叫船上人，怖以关门，灯笼火把如列星，一一簇拥而去。岸上人亦逐队赶门，渐稀渐薄，顷刻散尽矣。

吾辈始舣舟近岸。断桥石磴始凉，席其上，呼客纵饮。此时月如镜新磨，山复整妆，湖复面，向之浅斟低唱者出，匿影树下者亦出，吾辈往通声气，拉与同坐。韵友来，名妓至，杯箸安，竹肉发。月色苍凉，东方将白，客方散去。吾辈纵舟，酣睡于十里荷花之中，香气拍人，清梦甚惬。

朋党论

宋·欧阳修

　　臣闻朋党之说，自古有之，惟幸人君辨其君子小人而已。大凡君子与君子以同道为朋，小人与小人以同利为朋。此自然之理也。

　　然臣谓小人无朋，惟君子则有之。其故何哉？小人所好者禄利也，所贪者财货也。当其同利之时，暂相党引以为朋者，伪也；及其见利而争先，或利尽而交疏，则反相贼害，虽其兄弟亲戚，不能相保。故臣谓小人无朋，其暂为朋者，伪也。君子则不然。所守者道义，所行者忠信，所惜者名节。以之修身，则同道而相益；以之事国，则同心而共济；终始如一，此君子之朋也。故为人君者，但当退小人之伪朋，用君子之真朋，则天下治矣。

　　尧之时，小人共工、驩兜等四人为一朋，君子八元、八恺十六人为一朋。舜佐尧，退四凶小人之朋，而进元、恺君子之朋，尧之天下大治。及舜自为天子，而皋陶、夔、稷、契等二十二人并列于朝，更相称美，更相推让，凡二十二人为一朋，而舜皆用之，天下亦大治。《书》曰："纣有臣亿万，惟亿万心；周有臣三千，惟一心。"纣之时，亿万人各异心，可谓不为朋矣，然纣以亡国。周武王之臣，三千人为一大朋，而周用以兴。后汉献帝时，尽取天下名士囚禁之，目为党人。及黄巾贼起，汉室大乱，后方悔悟，尽解党人而释之，然已无救矣。唐之晚年，渐起朋党之论。及昭宗时，尽杀朝之名士，或投之黄河，曰："此辈清流，可投浊流。"而唐遂亡矣。

夫前世之主，能使人人异心不为朋，莫如纣；能禁绝善人为朋，莫如汉献帝；能诛戮清流之朋，莫如唐昭宗之世；然皆乱亡其国。更相称美推让而不自疑，莫如舜之二十二臣，舜亦不疑而皆用之；然而后世不诮舜为二十二人朋党所欺，而称舜为聪明之圣者，以能辨君子与小人也。周武之世，举其国之臣三千人共为一朋。自古为朋之多且大，莫如周；然周用此以兴者，善人虽多而不厌也。

嗟呼！兴之治乱之迹，为人君者，可以鉴矣。

辨奸论

宋·苏洵

　　事有必至，理有固然。惟天下之静者，乃能见微而知著。月晕而风，础润而雨，人人知之。人事之推移，理势之相因，其疏阔而难知，变化而不可测者，孰与天地阴阳之事。而贤者有不知，其故何也？好恶乱其中，而利害夺其外也！

　　昔者，山巨源见王衍曰："误天下苍生者，必此人也！"郭汾阳见卢杞曰："此人得志，吾子孙无遗类矣！"自今而言之，其理固有可见者。以吾观之，王衍之为人，容貌言语，固有以欺世而盗名者。然不忮不求，与物浮沉。使晋无惠帝，仅得中主，虽衍百千，何从而乱天下乎？卢杞之奸，固足以败国。然而不学无文，容貌不足以动人，言语不足以眩世，非德宗之鄙暗，亦何从而用之？由是言之，二公之料二子，亦容有未必然也！

　　今有人，口诵孔、老之言，身履夷、齐之行，收召好名之士、不得志之人，相与造作言语，私立名字，以为颜渊、孟轲复出，而阴贼险狠，与人异趣。是王衍、卢杞合而为一人也。其祸岂可胜言哉？夫面垢不忘洗，衣垢不忘浣，此人之至情也。今也不然，衣臣虏之衣，食犬彘之食，囚首丧面，而谈诗书，此岂其情也哉？凡事之不近人情者，鲜不为大奸慝，竖刁、易牙、开方是也。以盖世之名，而济其未形之患。虽有愿治之主，好贤之相，犹将举而用之。则其为天下患，必然而无疑者，非特二子之比也。

孙子曰："善用兵者，无赫赫之功。"使斯人而不用也，则吾言为过，而斯人有不遇之叹。孰知祸之至于此哉？不然。天下将被其祸，而吾获知言之名，悲夫！

贾谊论

宋·苏轼

非才之难，所以自用者实难。惜乎！贾生，王者之佐，而不能自用其才也。

夫君子之所取者远，则必有所待；所就者大，则必有所忍。古之贤人，皆负可致之才，而卒不能行其万一者，未必皆其时君之罪，或者其自取也。

愚观贾生之论，如其所言，虽三代何以远过？得君如汉文，犹且以不用死。然则是天下无尧、舜，终不可有所为耶？仲尼圣人，历试于天下，苟非大无道之国，皆欲勉强扶持，庶几一日得行其道。将之荆，先之以冉有，申之以子夏。君子之欲得其君，如此其勤也。孟子去齐，三宿而后出昼，犹曰："王其庶几召我。"君子之不忍弃其君，如此其厚也。公孙丑问曰："夫子何为不豫？"孟子曰："方今天下，舍我其谁哉？而吾何为不豫？"君子之爱其身，如此其至也。夫如此而不用，然后知天下果不足与有为，而可以无憾矣。若贾生者，非汉文之不能用生，生之不能用汉文也。

我在台湾教语文：向古代文豪学写作

夫绛侯亲握天子玺而授之文帝，灌婴连兵数十万，以决刘、吕之雌雄，又皆高帝之旧将，此其君臣相得之分，岂特父子骨肉手足哉？贾生，洛阳之少年。欲使其一朝之间，尽弃其旧而谋其新，亦已难矣。为贾生者，上得其君，下得其大臣，如绛、灌之属，优游浸渍而深交之，使天子不疑，大臣不忌，然后举天下而唯吾之所欲为，不过十年，可以得志。安有立谈之间，而遽为人痛哭哉！观其过湘为赋以吊屈原，纡郁愤闷，趯然有远举之志。其后卒以自伤哭泣，至于夭绝，是亦不善处穷者也。夫谋之一不见用，则安知终不复用也？不知默默以待其变，而自残至此。呜呼！贾生志大而量小，才有余而识不足也。

古之人，有高世之才，必有遗俗之累。是故非聪明睿智不惑之主，则不能全其用。古今称苻坚得王猛于草茅之中，一朝尽斥去其旧臣，而与之谋。彼其匹夫略有天下之半，其以此哉！愚深悲生之志，故备论之。亦使人君得如贾生之臣，则知其有狷介之操，一不见用，则忧伤病沮，不能复振。而为贾生者，亦谨其所发哉！